广东现当代画家小传·国画卷

一木一石

|赖少其小传|

LAI SHAOQI XIAO ZHUAN

洪澈 著

岭南美術出版社
中国·广州

图书在版编目（CIP）数据

一木一石：赖少其小传／洪澈著．—广州：岭南美术出版社，2015.8
（广东现当代画家小传．国画卷）
ISBN 978-7-5362-5495-4

Ⅰ．①一… Ⅱ．①洪… Ⅲ．①赖少其(1915～2000)—传记 Ⅳ．①K825.72

中国版本图书馆CIP数据核字(2014)第162475号

责任编辑：李 颖 王效云 杨 靖 周章胜
责任技编：罗文轩 谢 芸
装帧设计：杨易欣

一木一石：赖少其小传
YI MU YI SHI LAI SHAOQI XIAOZHUAN

出版、总发行：岭南美术出版社（网址：www.lnysw.net）
（广州市文德北路170号3楼 邮编：510045）
经　　销：全国新华书店
印　　刷：雅昌文化(集团)有限公司
版　　次：2015年8月第1版
2015年8月第1次印刷
开　　本：787mm×1092mm 1/16
印　　张：9.25
ISBN 978-7-5362-5495-4
定　　价：45.00元

序

回顾20世纪中国美术发展史，中国画的现代转型与“新国画”运动密不可分。发端于广东的岭南画派在这场“新国画”运动中起到极其重要的作用，以高剑父、高奇峰、陈树人等为代表的岭南画派，以革命性、创新性的新思路，折衷中外、融汇古今，注重现实关怀、题材开拓和表现手法的多样性，开启中国现代绘画的新风气，极大地推进了中国美术的现代化进程。

继“二高一陈”后，以关山月、黎雄才、赵少昂、杨善深等为代表的艺术家，更是把岭南画派发展到一个新的高度，并卓有成效地拓展了现代美术教育体系，使岭南地区迅速成为新中国美术教育基地之一，培养了许多影响21世纪中国美术进程的画家。他们继承和延续岭南画派的艺术精神，践行着创新和发展的道路，使广东成为中国美术教育与创作的重镇。

在对中国美术发展史的研究中，岭南画派一直是被关注的，但系统完整的广东现当代画家传记著述却较少见到。梳理这些画家的人生经历，再现他们的探索过程，总结他们的创作思想，对于推动广东美术创新发展，增强广东文化自觉与文化自信有着重要意义。为此，我们编辑出版《广东现当代画家小传》丛书。

丛书根据艺术成就及社会影响力甄选了20多位现当代画家作为传主，以文学性的叙事方式讲述艺术家活动及经典作品背后的故事，使读者重回那段令人荡气回肠的岁月。丛书遵循从史到论，论从史出，通过文学家的艺术剪裁，注重围绕史料开展研究，力求科学严谨地再现各位传主的生平经历、创作历程、学术贡献和历史影响。丛书资料翔实、图文并茂，大量由家属提供和从档案中查阅到的第一手资料更为珍贵。

对岭南近现代画家的资料进行收集与整理，是广东地域美术研究的基础性工作。丛书的出版将极大地丰富画家档案及文献资料，为广东画家的相关研究奠定基础，更好地促进广东美术繁荣发展。

目录

一 / 少长潮汕

生于普宁

1963年，离家已30多年的赖少其回到了故乡，年近半百的他参加革命后一直以党的生日作为自己的生日，这回才从嫂子那里知道自己确切的出生日期。在与乡亲们的聊天中，他的思绪也渐渐回到了自己的童年。

1915年5月16日（农历四月初三），赖少其出生于广东省普宁县流沙镇华市村的一户小商贩家里。赖少其乳名叫“锡麟”，在潮汕话中，“锡”与“赐”同音，有“观音送子”之意。后来由私塾老师根据其父母之意改名为“少麒”。后在广州市立美术学校读书时，因学木刻，署名时 “麒”字太繁复，才去掉鹿字旁成了“少其”。[1]

赖少其家里从祖父一辈开始弃农从商，但只是普通小商贩，辛苦了一辈子却没赚到多少钱，去世时留给子孙的，只有三间空荡荡的瓦屋和七八亩地。赖少其的父亲赖笈，字道嘉，在兄弟四人中排行第二。因大伯父早已去世，长兄为父，赖笈肩负着维持一家人生活与经营店铺的任务。而赖少其兄弟三人，小弟早夭，只有他与弟弟赖扁在家中。

自赖少其祖父开始，就将附近的生果等土产运到陆丰新田，再将那里的山货挑回华市村卖。赖道嘉从小就随父亲做买卖，父亲去世后便由他执掌店铺，起先也像父亲那样往返于普宁与陆丰。后来时间长了，觉得这样既辛苦，赚钱也不多，而常在路上也不安全。陆丰新田虽是山区，但做生意没有普宁竞争激烈，开销也小些，就在新田租下了一间小店铺，开了家杂货店。

赖少其的母亲王绸以前曾嫁过一户庄姓人家，后来再嫁到赖家，虽为人忠厚善良，吃苦耐劳，但在赖家却没有丝毫地位。王绸饱受歧视，却也只能逆来顺受。

赖少其自小便随父母往返于流沙与新田之间，全程近两百里，几年下来，练

[1] 赖少其曾在1991年给于在海、洪楚平的信件中提到其名字的来历。原信件见洪楚平主编《赖少其书信集》，岭南美术出版社，2005年，第286—287页。

赖少其故居

就了一双“铁脚板”。这种经历磨砺了他的精神和意志，使他从小就有一种无往不胜的韧性和毅力。这也为他日后战胜各种艰难困苦，战胜敌人，超越自己打下了坚实的基础。

大革命失败后，南昌起义军南下潮汕，后又撤往东江根据地，途中曾在流沙召开过重要会议。之后国民党军队对这一带开始进行残酷的清乡，很多农会骨干分子惨遭杀害，流沙一带笼罩在白色恐怖之中。赖少其当时跟父母住在华市村，为防不测，赖少其父亲于 1927 年秋将他送到泥沟乡的姑母家暂住。

泥沟乡临近流沙镇，又名弥高村，是一个比华市村大得多的村庄，村里做生意的人较多，殷实人家也不少。村里有不少人去了南洋，与海外关系密切，受外来思想影响较大，风气也较开明。在泥沟乡，赖少其耳闻目睹了不少新事物、新思想，也萌生了对外面新奇生活的向往。

赖少其姑母的夫家是当地的大户人家，世代都是读书人，姑父的父亲行医，兼开了一家药铺，生活较富裕。姑父是独生子，从小患过脑炎，智力发育不全，但却忠厚善良，身体也壮，是劳动好手。姑母勤劳厚道，对公婆孝敬，深得大家喜欢。

赖少其从小聪明好学，姑母对他特别疼爱。同时姑母到夫家后有了见识，希望娘家也能出个读书人，于是就将赖少其送到泥沟最好的学校弥高高等小学去读书。弥高高等小学是村里办学质量最好的完全小学，学制为两年。已经 12 岁的赖少其进入该校就读后，立刻眼界大开。

赖少其所在班级的班主任叫李天海，本名李存穆，毕业于厦门集美师范学校。他平时博览群书，尤其喜欢看进步书籍。由于知识丰富，讲解得法，学生们都很喜欢听他的课。加上他平易近人，又关心学生，因此深受学生的欢迎和爱戴。

因学校师资不足，李天海老师除了教语文外，还兼历史、地理等课程。与其他老师不同的是，李老师不但对书本内容进行详细解释，还会联系实际，特别是根据学生的家庭情况和当前社会现状进行讲解，使学生对教学内容能更好更深刻地理解。他讲解《论语》时，言简意赅，与现实结合，而且敢于针砭时弊，形象生动。放学后，还未成家的李老师的房间成了学生们的第二课堂。学生们特别喜欢听老师讲学校外、农村外的新鲜事。李老师还讲十月革命、辛亥革命、陆丰的农民运动、马克思列宁等，也将那些其他老师看都不敢看的书介绍给一些学生看，当然，是在极谨慎的情况下借给学生们。

有一天，赖少其突然发现，李天海老师不见了，高年级一些年纪大的同学也不见了。几经打听才知道，原来是李天海带领着学生到大南山去了，那是共产党游击队活动的地方。后来他才知道，李天海老师不仅是共产党员，还是中共普宁第九区区委书记，他到弥高高等小学任教，也是党组织派来从事地下工作的。

由于弥高高等小学有共产党员活动，学校遭到当局查禁，只能停办。赖少其也离开了这所学校。然而，与李老师的接触，让赖少其的眼前展现了一片新的天地。

不久，赖少其转到泥沟张伯封先生办的“同声学校”读书。张伯封出身于书香门第，古文功夫极深，由于教学严谨，诲人不倦，本村及附近的青少年都慕名前来就读。同声学校设有文学专修班，张伯封先生见赖少其勤奋好学又非常聪明，便对他悉心教导。赖少其学习也非常刻苦， 在张先生的指导下打下了扎实的古文、诗词和文学基础。

多年后，赖少其回忆说：“我的进步思想是受李天海老师的影响，文学和诗词的功底则是张伯封先生培养的。”在泥沟乡所接受的教育，为他后来继续深造打下了坚实的基础，也影响了他在以后人生道路上的选择。

由于父亲赖道嘉在陆丰新田的店铺需要有人帮忙，而且年纪渐大，也希望妻儿在身边陪伴。1928 年年底，赖少其离开了普宁，离开了泥沟乡，离开了生他养他的地方，和母亲一起，全家迁往新田。

长在陆丰

濒临南海的陆丰县，是中国农民运动的模范县，较早经受了革命的洗礼，在全国都有很大影响。这里就是革命的大熔炉。

在全家尚未完全迁入陆丰新田的前几年间，赖少其就已经目睹了蓬勃开展的陆丰农民运动和其他革命活动。1925 年 3 月，广东国民革命军第一次出兵东征，当时赖少其正在新田读书，东征军到达新田，就驻扎在赖少其读书的“文昌祠”学校里。东征后，粤东地区的农民运动得到发展，新田也成立了农民协会，赖少其也兴奋地参加了农会的“童子军”，跟着大人们一起站岗放哨，张贴标语，宣传鼓动群众，是农民运动中积极的一分子。

由于在泥沟乡上了一年多新式学校，那里的所见所闻，和与李天海老师的交往，使赖少其对城市有了强烈的向往，城市对他来说，是新的世界。如果留在新田，那他的未来只能重复父辈的过去，他不甘心于命运的这种安排，决心要出去闯一闯。父亲深知，儿子留在身边是不会有出息的，所以也同意赖少其去县城继续读书。

赖少其考取了陆丰县城龙山中学的简易师范班。龙山中学是陆丰规模最大的一所中学，也是具有悠久革命历史传统的学校，到赖少其就读时已有 180 多年历史了。学校附设的简易师范班，主要培养乡村小学教师，为了吸引学生，可免费就读，还提供一些学习用具。对于家境并不富裕的赖少其来说，正合他的意愿，他也希望以后能像李天海老师那样，让农村孩子受到良好教育。1929 年春天，赖少其怀着对父母的眷念，只身来到陆丰县城，进入龙山中学继续读书。

在师范班开设的课程中，赖少其对美术课产生了浓厚的兴趣。说到美术，家乡潮汕一带的传统工艺金漆木雕给小时候的赖少其留下了深刻印象。在泥沟乡的姑母家，弥高高等小学的校舍以及陆丰新田的“文昌祠”内，都装饰了不少金漆木雕。那时的他总是入神地端详着那些精致典雅的潮汕木雕，它们如此巧夺天工，

陆丰县龙山中学

让他觉得一切都那么不可思议。

龙山中学的美术老师姓彭，虽没有读过大学，却靠自学练就了一身本领，是陆丰当地有名的丹青高手。彭老师的美术课将赖少其带进了一个新奇有趣的艺术世界。他没有想到，中国的美术如此源远流长，中国的传统笔墨技法能如此丰富多变。本来就对美术感兴趣的赖少其，深深地喜欢上了这门课程。此后，他一有空便到校外写生，将大自然、乡村的各种景物都绘入他的画中。

然而，在龙山中学，他也耳闻目睹了国民党的暴行。大革命失败后，彭湃在海陆丰领导农民起义，1927 年建立了海陆丰苏维埃政权，因而这一带成了国共双方武装争夺的地区。第一次国共合作时，中共在东江地区搞农民运动很有声势，许多有觉悟的农民参加了中国共产党。但广东“四·一五”清党时，许多共产党员和农民运动积极分子被捕并遭杀害，当时的龙山中学成为国民党关押共产党人的地方，国民党士兵甚至就在学校里杀人。赖少其在家乡时，已受到革命思想影响，而在这里的见闻，更使他对国民党反感，思想也趋激进。

在龙山中学，赖少其度过了两年的学习时光。随着知识的丰富，眼界的开阔和思想的进步，他已开始不满足于现状了。他觉得，陆丰虽然比新田大，但在广东、在全国，这里只是弹丸之地。他想离开陆丰，到省城广州读书，到更大的地方，投身到火热的革命中。

赖少其将自己的想法告诉了彭老师，老师表示赞许，并建议以他的兴趣和天赋，可以投考广州的市立美术学校。那里办学很好，也培养了很多美术人才。经过老师的点拨，赖少其主意已定，从当初想见识大城市的朦胧意识变成了明确的追求，这一决定也改变了他以后的道路。

1931 年秋，赖少其征得父母的同意与支持，只身从汕尾乘船，经香港前往广州，开始了他新的生活！

二/求学羊城

“现代版画会”

1931 年秋，赖少其到达广州，住进小马站曾家祠堂一间残旧的小阁楼里，与许多穷苦学生住在一起，开始了报考美术学校的准备工作。

他报名参加了“赤社”美术补习班。赤社是广东最早以研究西洋美术为主的美术社团，其创办人之一的胡根天，也是广州市立美术学校的创办人之一。曾留学日本东京美术学校西画科，回国后从事美术教育活动，创办了赤社。由于国民党闻“赤”色变，此时的赤社已更名为“尺社”，赖少其在此学习了西洋画的基础内容，包括素描、静物写生和水彩画等。而到了晚上，他还会到老师关良的哥哥关德寅办的日语补习班学习日语。

第二年（即 1932 年），赖少其顺利考取广州市立美术学校的西画系。能进入当时南中国最高的美术学府读书是件值得庆贺的事，但他仍然过着艰苦的生活。由于家里经济条件不好，他只能居住在曾家祠堂，那里阴暗潮湿，挤满了贫困学生。他平时连吃饭都成问题，有时还要饿着肚子。

广州市立美术学校（以下简称“市美”）成立于 1921 年，创办人包括许崇清、胡根天、冯钢百等人，校址在越秀山下的道观三元宫旁，后迁到惠爱西路。当时市美设有西画系、中国画系，学制均为四年，另外还有图案系和艺术师范系。赖少其入校时，学校校长是李居端，教务主任是黄君璧。他所在的西画系中，教一年级西洋美术史的是曾任该校校长的胡根天，教画石膏像的是吴琬（吴子复）；教二年级人体写生的是李桦；三年级时最初由谭华牧负责教油画，后来是关良。训导主任则是国民党的金鉴溱，教三民主义课。

市美的教师多是青年人，他们不但教授美术知识与技艺，还向学生们灌输世界美术潮流及新思想，组织他们参加教学以外的活动。对赖少其影响最深的，当属李桦老师。李桦是广东番禺人，市美的第一届毕业生，毕业后赴日留学，1932

《现代版画》第八集封面（《田师爷》，赖少其作）

年归国回母校任教。赖少其在对西洋美术进行系统学习的同时，渐渐对版画有了特殊的偏爱。而凑巧的是，李桦正是在版画艺术方面已颇有成绩的青年木刻家。

20 世纪 30 年代初期，鲁迅积极倡导新兴木刻运动，众多进步青年与美术爱好者投身其中。一时间，新兴木刻运动之火遍及全国，木刻作品见于各式报刊甚至书籍封面。木刻，几乎成为进步思想的象征，也成为追求革命的标志。国民党在对革命者进行清剿的同时，也对革命文化活动予以扼杀。1933 年 5 月 22 日，设在上海美专的“M·K 木刻研究社”4 名社员被逮捕，社团被宣布解散，至此，最初蓬勃发展的沪杭一带的新兴木刻运动，逐渐转入低谷。此时，广东成为继上海最为活跃、从事版画创作人数最多的地方。

1934 年 6 月 19 日，李桦、赖少其等 27 人在广州市美组织成立“现代创作版画研究会”（简称“现代版画会”）。成员中除李桦为教师外，其他都是市美的学生，包括吕蒙、潘业、陈仲纲、唐英伟、刘仑、胡其藻等。由于训导主任认为参加木刻的师生都是激进的革命分子，因此不准现代版画会在学校开展活动，也不提供场地。

没有活动场所与展览场地，该怎么办呢？李桦将自己位于广州连新路的“松庐”用来作现代版画会的会址，这里也成了木刻会员们共同的家。学生们与老师探讨版画技艺，学习外国版画新技法，并就各自的版画作品进行交流、切磋。后来，为了提高版画创作水平，现代版画会决定：每周举行一次内部观摩会，为“周展”；每四周选出优秀作品在校内展出，让全校师生观摩指导，为“月展”。这样的创作实践，使赖少其与同学们的创作水平得到了提高。

之后，他们一致决议，要出版画集，名为《现代版画》。画集中的作品，在每集出版前，由大家商量好本集的主题内容，然后分头创作。到集稿日，大家交出作品，共同评选，最后确定入选画集的作品。《现代版画》第一集于 1934 年

12 月 17 日出版，共印 500 册。由于是用木刻原版上机印刷，机器印刷的效果远不如手工拓印，此点后来鲁迅先生在信中曾经批评过。但数量太大，成本不低，也只好将就发行了。之后从第二集开始，均改为手工拓印。《现代版画》直至 1936 年 5 月停刊为止，一共出版了 18 集。为了扩大版画宣传，现代版画会在《现代版画》停刊前，又编辑出版了《木刻界》，并于 1936 年 4 月出版，直到同年 7 月被国民党以思想“左倾”而查封，共出版了 4 期。[1] 这些刊物的发行对当时的新兴木刻运动有着极大的推动作用。

现代版画会还把木刻活动带到农村，1936 年先后在广州郊区、蓼涌、高要、龙川、惠州、开平等地农村举办 7 次“农村木刻展览会”。展出作品大部分是与农村有关的题材，以激起群众对农民的同情与关怀。

他们还参与筹办全国木刻展览。由于在广州，以李桦、赖少其为骨干的现代版画会所开展的创作、出版、展览等活动均优于全国其他大城市包括上海，影响更大，于是各地木刻组织决定第二届全国木刻展览由现代版画会负责筹办。筹备工作实际上就落到了李桦、赖少其等人的身上。任务虽然艰巨，却更加激发了赖少其等青年从事木刻创作和组织版画活动的积极性。1936 年 7 月 5 日，“第二回全国木刻流动展览会”在广州中山图书馆开幕。这次展览收到作品近 600 件，最后展出独幅版画 271 件，连环木刻 48 件，共 319 件。展览结束后，8 月移到杭州展出，10 月在上海八仙桥基督教青年会展览，李桦、赖少其因事未能前往上海参加。10 月 8 日鲁迅先生带病前往参观和座谈，这让在场的青年们觉得既感动又幸福。只是大家没想到，这竟是鲁迅最后一次参加活动，10 天后他就与世长辞了。而那天鲁迅与青年们留下的珍贵合影，也成了永久的纪念。

[1] 《现代版画》全 18 集内容，参见《版画纪程·鲁迅藏中国现代木刻全集（I）》，江苏古籍出版社，1991 年。《木刻界》全 4 期内容，参见《版画纪程·鲁迅藏中国现代木刻全集（IV）》，江苏古籍出版社，1991 年，第 1308—1383 页。

赖少其编译的《创作版画雕刻法》封面

在现代版画会期间，赖少其偶然看到一本日本出版的介绍版画技法的书籍，便萌生了一个想法：版画这么受青年人喜欢，而国内却尚无一本关于版画技法的书，何不将这本书翻译出版，供国内的同好们参考呢？1934 年，赖少其利用暑假时间，以当初在日语补习班学到的日语基础，将小泉癸巳男的《木刻版画的刻制与印刷》、平塚运一的《版画技法》等日本版画书进行翻译并加以编辑，以“创作版画雕刻法”为书名于同年 12 月出版。这是中国新兴木刻史上第一本介绍现代版画技法的书籍，意义非凡。

除了在国内出版刊物、进行展览，现代版画会也与日本的木刻社团交流合作。1936 年 1 月和 2 月，日本黑白社《版艺术》就先后出版了《南中国乡土玩具集》和《北中国乡土玩具集》专辑两册，详细介绍了现代版画会和他们创作的极具地方性和民族特色的乡土玩具作品。这是由李桦、赖少其、潘业、陈仲纲等人将所做的中国民间乡土玩具木刻原版手拓件，寄往日本，再由日本黑白社编辑并出版的。其中，有赖少其的《毛猴子》《泥猪》，陈仲纲的《龙》，潘业的《波罗鸡》等，老师李桦再作文字注释。同年，日本“梦人社”编辑出版的《第一回趣味藏书票集》中也收入了李桦、赖少其、陈仲纲的藏书票 6 枚。这些都是中日民间木刻艺术社团的合作成果。

1935 年 10 月 27 日，进入四年级的赖少其，与同是现代版画会会员的同学潘业、陈仲纲一同在广州永汉北路大众公司画廊举办“木刻三人展”。展览持续了 8 天，共展出了 63 件作品。展览会图册《木刻三人展览会纪念册》刊登了展览中的 20 件作品，老师李桦作序。

在“木刻三人展”上，赖少其他们的作品已经走出所谓的“象牙塔”，逐渐走进生活，走进人民大众。陈仲纲的作品吸取了中国古典木刻阳刻线条和构图方法来组成画面，却取消了阴阳面而采取近乎白描的方式，画面显得活泼有力，单

1935 年“木刻三人展”赖少其与徐悲鸿（右）合影

纯明快。而潘业是广东知名画家、同盟会会员潘达微的儿子，其木刻画有中国古典小品画的意境，在表现方法上有浓郁的民间艺术的稚拙趣味。而这时期赖少其的木刻有着浓厚的民间木刻趣味和浪漫气息。他的木刻一贯以充满诗意的抒情风格出现，这和他很早就是诗人，或者说是具有诗人气质有关。

展览在广州市民中引起强烈反响，也引起了徐悲鸿的注意。恰巧展览期间徐悲鸿从苏联回国途经广州，专门来到大众公司画廊参观展览。他对这些富有时代气息的木刻颇感兴趣，仔细观赏，还不时发表自己的观感。参观结束后，徐悲鸿欣然与赖少其等人合影，留下珍贵的历史镜头。而徐悲鸿这样的大师能来观看几位学生的木刻展，这使赖少其他们感到兴奋与激动，也是对他们极大的鼓舞。

“一木一石”

现代版画会的成员们在进行木刻创作与活动时，觉得应加强和外界的联系，首先想到的就是要联系鲁迅先生。他们决定给鲁迅先生写封信，由李桦老师执笔，报告研究会活动与广州木刻运动的情况，并将他们的部分作品寄给鲁迅。根据转学到上海美专的同学告知的地址，1934 年冬他们将信寄往上海内山书店转鲁迅收。

由于当时写信的目的只是想让鲁迅先生知道，当上海木刻运动进入低谷时，在广州还有一批人在努力地开展木刻活动，并未想到鲁迅会复信。所以信寄出时，连回信的通讯地址都没写，幸亏他们寄信用的是广州市美的信封。出乎意料的是，鲁迅先生根据信封地址将回信寄出，不到半个月他们就收到回信了。

李桦老师与赖少其等同学，手捧着鲁迅的信件，一遍又一遍地读着：

我所知道的通信地址似乎太简略，不知道此信可能寄到。

今天得到来信并画集三本，寄给我这许多作品，真是非常感谢。看展览会目录，才晓得广州曾有这样的画展，但我们却并未知道。论理，以中国之大，是该有一种(至少)正正堂堂的美术杂志，一面绍介外国作品，一面，绍介国内艺术的发展的，但我们没有，以美术为名的期刊，大抵所载的都是低级趣味之物，这真是无从说起……

木刻确已得到客观的支持，但这时候，就要严防它的堕落和衰退，尤其是蛀虫，它能使木刻的趣味降低，如新剧之变为开玩笑的“文明戏”一样。我深希望先生们的团体，成为支柱和发展版画之中心……[1]

这封信件，饱含着鲁迅的关爱与期望，深深打动了青年们的心。受到鲁迅回信的鼓励，他们立即又给鲁迅写了一封信，同时还附上刚出版的《现代版画》创刊号。不久，鲁迅在 1935 年 1 月 4 日的回信中，指出了《现代版画》创刊号的不足之处：“选择内容且作别论，纸的光滑，墨的多油，就毁损作品的好处不少，创作木刻虽是版画，仍须作者自印，佳处这才全备，一经机器的处理，和原作会大不同的，况且中国的印刷术，又这样的不进步。”鲁迅对艺术精益求精、一丝不苟的精神使他们深受感动，也让他们更懂得对艺术乃至对人生都应持有的基本态度。

于是，李桦召集现代版画会的成员就此问题开展讨论，最后大家一致同意将机器印刷改为用手工拓印，这就必须付出比机器印刷多许多的时间与精力。大家商量后决定，从第二集开始，每集 12 到 20 幅作品，手印 50 份左右，而每件作品复制任务就由作者自己完成。

由于赖少其作品入选次数较多，他在复制版画作品方面就花去了许多时间。

[1] 《鲁迅全集》第十二卷《书信》，人民文学出版社，1991 年第 5 次印刷，第 607—609 页。

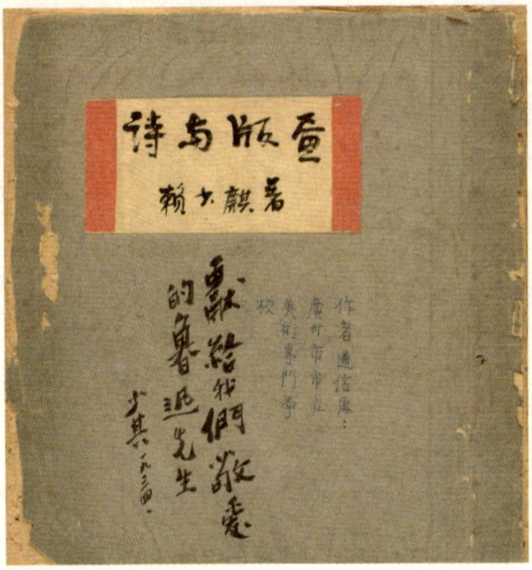

左：木刻作品集
《诗与版画》封面
上海鲁迅纪念馆藏

右：比美
木刻版画
选自《诗与版画》
约 1934 年
上海鲁迅纪念馆藏

之后大家再将复制好的作品带到李桦的“松庐”，在那里进行装订工作。所谓装订工作，就是粘贴，12 件作品要粘贴 600 张，20 件作品就要粘贴 1000 张了。于是全体会员一起动手。虽然粘贴工作单调而繁累，但大家一边贴画一边谈笑，有时还唱唱歌。即使极为闷热的夏天，松庐内也是充满欢声笑语。

每出版一集《现代版画》，他们都会首先寄给鲁迅先生。而鲁迅虽然说“要从我这里得到正确的批语是难的，因为我自己是外行”，但每一次给予的评价都中肯而精辟。除了理论问题外，鲁迅也对木刻技巧提出意见，这些都使他们获益匪浅。因此，每次接到鲁迅的来信，都在会内宣读和传阅，同学们都无比喜悦，同时也受到极大的鼓舞。

赖少其对鲁迅先生十分崇敬，想着如能直接听取鲁迅的教导，将会得到更多的教益。1934 年年底，他将这一时期创作的版画作品共 25 幅，再配诗 10 首，汇集起来装订成册，题名为“诗与版画”，附了一封信，给鲁迅寄去。他在画集的封面题了一句“献给我们敬爱的鲁迅先生”，以表达自己的崇敬之意。《诗与版画》是一本配诗的木刻作品集，表达了作者对黑暗社会的憎恨，对光明与美好未来的追求，也反映了当时人民的悲惨生活。而他的文学才华也在诗中得以显露。

几天后，同学从传达室给他带回了一封信，信封上赫然写着“上海周寄”，从那熟悉的字体，赖少其立刻看出来是鲁迅先生寄来的。他兴奋又激动地拆开了信封，细细地读着：

寄给我的《诗与版画》，早收到了，感谢之至，但因为病与忙，没有即写回信，这是很抱歉的。

那一本里的诗的情调，和版画是一致的，但版画又较倾于印象方面。我在那里面看见了各种的技法：《病与债》是一种，《债权》是

木刻集《自祭曲》封面
上海鲁迅纪念馆藏

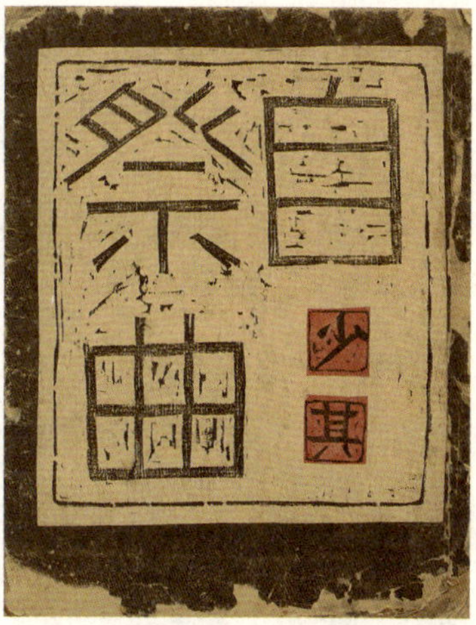

一种，《大白诗》是一种。但我以为这些方法，也只能随时随地，偶一为之，难以多作。例如《债权》者，是奔放，生动的，但到《光明来临了》那一幅，便到绝顶（也就是绝境），不能发展了。所以据我看起来，大约还是《送行》，《自我写照》（我以为这比《病与债》更紧凑），《开公路》，《苦旱与兵灾》这一种技法，有着发展的前途。

小品，如《比美》之类，虽然不过是小品，但我觉得幅幅都刻得好，很可爱的。用版画装饰书籍，将来也一定成为必要，我希望仍旧不要放弃……[1]

鲁迅此时身体已很不好，但仍抱病阅读赖少其的来信并仔细观看他的作品，还对他提出了许多具体的意见。这一切，都让他无比感动与喜悦。有了鲁迅的教导，赖少其参加木刻运动的热情更加高涨，同时，在木刻方面要注意什么，坚持什么，改进什么，也更有主见。

然而，日寇的入侵，战火的弥漫，爱国抗战行为被扼杀，革命者被杀戮，看不到一丝半点的幸福安定所在；而作为贫苦学生，赖少其需要勤工俭学和业余写作挣得稿费才能勉强维持生活，有时还要饿着肚子。这些现状，都让他感到苦闷、忧郁，看不到祖国的未来。

赖少其在木刻集《自祭曲》中表达了这种情绪与心情。除了诗作，他还创作了10幅版画，以诗配画，又在版画中融入诗意。他在诗中描述自己的感受：

红的，灰的，在那绿色——赭色的面上。我看到了！一群蝗虫，好像有味——无味般——吸吮着自家的心血。

原来我立在一个满生荒草没有祭扫的坟前，新的碑石上正刻着我的名字。成群

[1] 《鲁迅全集》第十三卷《书信》，人民文学出版社，1991年第5次印刷，第25—26页。

《自祭曲》内容　上海鲁迅纪念馆藏

阿Q正传（即《诗与版画》中的《鲁迅先生》）
木刻版画
上海鲁迅纪念馆藏

的乌鸦合了过来，百只眼睛袭了进来。要来舍我的骨肉么？怆惶的着急了。

没有知觉的分成片片，一片片的游魂啊！飞呀，飞的！仍然飞不出这个幽灵的世界……[1]

老师李桦为此集作序，以师友的身份在序中表达了对赖少其的同情，也鼓励他勇敢地“自拔”，去创造一个光明的前途。而赖少其这种苦闷、复杂的心情，不仅在《自祭曲》中体现，也表现在他同年写的小说《刨烟工人》中。1935年5月28日，赖少其将小说《刨烟工人》以及7幅木刻作品寄给鲁迅。鲁迅6月29日回信道：

太伟大的变动，我们会无力表现的，不过这也无须悲观，我们即使不能表现它的全盘，我们可以表现它的一角，巨大的建筑，总是一木一石叠起来的，我们何妨做做这一木一石呢？我时常做些另碎事，就是为此。

……

那篇《刨烟工人》，写的也并不坏，只是太悲哀点，然而这是实际所有，也没法子。这几天我想转寄给良友公司的《新小说》，看能否登出，因为近来上海的官府检查，真是严厉之极。还有《失恋》及《阿Q正传》各一幅，是寄给《文学》去了，

[1] 赖少其：《自祭曲》（手拓），1935年，原件现藏上海鲁迅纪念馆。

青春
作于20世纪30年代
木刻版画
上海鲁迅纪念馆藏

倘检查官不认识墨水瓶上的是我的脸，那该是可以登出的……

鲁迅除了语言上的鼓励和建议之外，还给予实际的“接济”。鲁迅对《刨烟工人》给予肯定并推荐给良友公司，又将版画作品寄给《文学》，这些都为处于苦闷彷徨、悲观压抑处境中的赖少其带去莫大的慰藉。鲁迅与李桦的鼓励与帮助，使他慢慢觉醒过来，认识到悲观是没有用的，只有参加斗争才有出路。而鲁迅先生“一木一石”的教诲，对赖少其产生了深远的影响。后来其书斋名“一木一石之斋”“木石斋”正是源于此处。

这一时期赖少其仍与鲁迅先生保持着密切联系。根据后来出版的《鲁迅全集》，从1934年12月25日至1936年9月26日，鲁迅的日记中有23处提到了赖少其（麒）。[1] 而他寄给鲁迅先生12封信，鲁迅的回信共6封，现存5封。[2] 这些信件都被赖少其完好地保存下来，在鲁迅去世后，才把这些珍贵手书原件送到鲁迅夫人许广平手里，并都收入《鲁迅全集》中。而鲁迅先生不仅将现代版画会寄给他的《现代版画》《木刻界》等刊物妥为保存，还将赖少其历次寄给他的版画作品、诗集及小说手稿等精心收藏。1950年，许广平将这些资料全部捐赠给上海鲁迅纪念馆，使后人都能看到当时青年们追求进步、追求革命的全貌，看到鲁迅关爱与帮助青年的赤诚之心。

赖少其晚年定居广州时，家中仍然一直摆放着鲁迅先生的雕像。因为，鲁迅

[1] 《鲁迅全集》第十五卷《日记》，人民文学出版社，1991年第5次印刷，第187—313页。
[2] 《鲁迅全集》第十三卷《书信》，人民文学出版社，1991年第5次印刷，第25—191页。现存5封信分别为1935年1月18日、6月29日、7月16日、7月24日及8月18日。

是他一生中最为敬仰的导师；也因为，鲁迅的“一木一石”精神给予了他无穷的力量，使他坚定地行走在艺术与革命的道路上。

革命风浪

大学期间，赖少其接触到一大批具有革命思想的文艺家。通过与他们的接触，尤其是在鲁迅先生的指导与鼓舞下，他已逐渐成长为追求革命、向往革命的进步青年了。

1935 年经同学关胜介绍，赖少其加入陈济棠国民革命军第一集团军第三军李汉魂的第七师，在政治部任中尉科员。但他只待了不到一个月就被遣散。当初陈济棠的部队以抗日为名吸引大量爱国学生参军，实则是为了壮大自己的队伍对抗蒋介石。不久，其手下余汉谋师长投靠了蒋介石，另两个师长不战而降，陈济棠垮台后，政治部也就撤了。怀着一腔报国壮志的赖少其只好回到广州。

不久，赖少其经同学黄奎光介绍，到其父亲任局长的恩平县印花烟酒税局当了一名文书。然而，对于文书工作的陌生感，以及对起草公文等工作感到索然无味，不到一个月便辞去工作回到广州。

在国民党统治下的广州，主张抗日、宣传革命无疑是艰难又危险的道路，但这却是赖少其所向往的。由于赖少其积极带领广州市立美术学校学生参加抗日救亡运动，性格稳重的他有着坚定的革命性，使其在学生中享有很高的威信，被同学们推选为广州市立美术学校学生会主席。

这期间，赖少其协助地下党员陈曙光，联络了一批追求进步的同学，组织了“秘密读书会”。他们以读书的名义经常聚在一起，讨论形势，交流思想；秘密编印小报，在学校和市区散发传单，宣传抗日救亡。同时，作为广州市立美术学校学生会主席，赖少其经常到当时广州爱国学生运动的中心——中山大学参加秘密会议，与吴有恒、萧殷、曾生、杜埃、杨康华、陈残云、陈芦荻等策划和开展各种抗日宣传活动，成为广州地区学生运动的主要负责人。而他与吴有恒、萧殷也成了生死相依的亲密朋友，这种友谊持续了几十年。

1936 年 1 月 12 日，为了响应北平近万名学生“一二·九”抗日救亡运动，赖少其与萧殷、吴有恒等一起组织学生上街游行。第二天，广东军阀陈济棠对学生游行进行了血腥镇压，酿成“荔枝湾惨案”。此时到处都笼罩着白色恐怖，继续从事革命活动宣传抗日随时有被抓捕甚至杀头的危险，但赖少其毫不畏惧，在当天晚上创作了版画《如此抗日锄奸团》，揭露国民党打着抗日旗号残害革命青年的罪行，强烈抗议当局血腥镇压学生运动。

为了加强战斗力，秘密读书会的领导觉得需要成立一个政治性更强的组织，于是在陈初、曾生等领导下，成立了“国际问题研究小组”，后来扩展为“国际问题研究会”，成员包括陈曙光、赖少其、萧殷、刘仑、林之原等人。这个研究会实际上是中共领导的一个共产主义组织，成员都是共产党员、投身革命的进步青年以及学生运动骨干。

10 月 19 日，鲁迅先生在上海逝世，噩耗传到广州，让众多进步青年悲痛不已。赖少其与许多亲身受到鲁迅教诲的学生以实际行动来悼念鲁迅：现代版画会和秘密读书会的同学编辑出版了《追悼鲁迅先生特刊》；赖少其为广州《民国日报》副刊出版的悼念鲁迅先生的“专号”写了悼念文章。

10 月 22 日，在中山大学附中礼堂举行悼念鲁迅先生大会，会上宣布“广州艺术工作者协会”正式成立，赖少其等 157 人在《成立宣言》上签名，其中广州市立美术学校学生占了三分之一。他们还将宣言公开发表在上海出版的《小说家》杂志 12 月号上。这是广州爱国艺术家们向敌人斗争的动员令，使国民党当局甚为恐慌，开始更大规模地镇压革命活动，同时也秘密拘捕学生运动领袖和骨干分子。

后来，陈曙光、梁禺心、陈郁和王树华等四名广州市立美术学校学生被国民党逮捕，消息传遍广州各大中学校，而赖少其等人也是特务的通缉对象。党组织通知他们立即转移，离开广州。

赖少其在同学刘仑的帮助与推荐下，到其家乡惠州担任涂山中学的教师，并与刘仑一起继续从事抗日救亡活动。但不久，特务又注意上赖少其，他只好再次潜回广州，与吴有恒、萧殷等人在一起。经过一段时间的隐避，几位青年决定各自投奔革命。1936 年冬，吴有恒前往香港，而赖少其和萧殷从白鹅潭乘船，远赴陌生的大城市——上海。

他们在出发前，给在上海工作的吕蒙寄信，告知到达时间与地点，请吕蒙来接，却被特务拆看了信件。在他们到达上海当天，警察闯进吕蒙工作的学校，搜寻从广州来的赖少其与萧殷。幸亏学校校长受吕蒙之托，赶在他们到学校前及时报信，他们才未被拘捕。

学校不能住了。为了安身，赖少其、萧殷和吕蒙只好挤在一间亭子间，由于床太小，只能一人睡床上，两人睡地板。为了生活与立足，赖少其刻木刻，萧殷写文章，然而两人每月卖文的收入，在上海纸醉金迷的大环境中，竟难以养活自己。为维持最低生活水平，他们还为人家布置饭堂，到处打零工，但生活仍是捉襟见肘，穷困潦倒。

赖少其最为苦闷的是，他到上海的本意与目的是寻找共产党组织，参加革命运动，可哪里有党组织和活动呢？终于，赖少其忍受不了这种惆怅与心理的孤独，决定离开上海，返回广州。赖少其与吕蒙、萧殷商量，他们都支持他的想法。萧殷认为回广州与在上海差别不大，愿意继续留在上海，吕蒙也无意返粤。于是，1937 年春天，赖少其只身离开上海，回到故地——广州。

三 / 刀笔抗日

“全木抗协”

就在赖少其回到广州不久，便发生了“卢沟桥事变”，抗日战争全面爆发。广州城里，到处是抗日的宣传演说、街头漫画、木刻展览，人心沸腾，群情激昂。赖少其也以昂扬的斗志，投入这场抗日救亡运动中。

经时任国民政府广东省主席吴铁城的秘书黄苗子介绍，赖少其随“全国漫画抗战展览会”来到广西，在柳州、南宁、梧州、桂林等地巡回展出，并宣传抗日救亡。但因赖少其宣传抗日过于激进张扬，最后被广西军阀李宗仁、白崇禧等“礼送”出广西。

1938 年 1 月，赖少其来到武汉，投入如火如荼的抗战救国斗争中。他每日奔波，画宣传画，制作标语口号，在街头绘制大型壁画，积极参加抗战的各项宣传工作。回到住地，又以刻刀为武器，创作抗日木刻作品。许多版画家，包括力群、罗工柳、卢鸿基、王琦等也先后来到武汉，在国民政府军事委员会政治部副主任周恩来、三厅厅长郭沫若领导下的三厅艺术处美术科，参加抗日救亡的宣传工作。赖少其也加入三厅，成为“抗战漫画宣传队”的成员。

3 月，经抗战漫画宣传队队长叶浅予介绍，赖少其参加了胡宗南指挥的“国民革命军第一军随军战地服务团”，和未暴露共产党员身份的熊向晖、陈忠经等共赴前线。6 月底，由于“徐州会战”失败，赖少其所在战地服务团尚未到达前线，就被命令开赴陕西凤翔集结。国民党发现服务团中有一批追求革命的进步青年，为了分化、利诱、瓦解这些人，强迫他们参加“三青团”。赖少其因拒绝加入三青团而被遣散。

离开战地服务团的赖少其前往西安，遇见了张仃夫妇以及诗人艾青，便与他们一起，继续宣传抗战。他在进步报纸《国风日报》副刊《木刻前哨》上，发表《日本军阀的惨杀》等木刻作品。之后又以为第一军办刊为掩护，创办宣传抗战的进步刊物《西北画报》，以刻刀和笔为武器，宣传抗战，鼓舞人民驱除日寇，收复失地。

之后经张仃介绍，赖少其认识了同为广东人的国民党军官廖铁铮。廖铁铮思想“左倾”，同情共产党领导的抗日救亡运动。后来他奉调广州，赖少其便决定与他结伴南行。到了武汉，保卫大武汉的誓死决战正在紧张进行，一心想投身抗日的赖少其决定留下来参加抗战。

此前，在 4 月 16 日“武汉木刻人联谊会”宣告成立时，赖少其是该组织的成员之一。6 月 12 日，在武汉的 30 多位木刻家宣布成立“中华全国木刻界抗敌协会”（简称“全木抗协”）。会议推选马达、力群、刘建庵、卢鸿基、陈九为常务理事，选出李桦、赖少其、黄新波、陈烟桥、胡一川、江丰等 21 人为理事，又聘请蔡元培、冯玉祥、田汉等人为名誉理事。这是鲁迅先生倡导新兴木刻运动以来，第一个合法的全国性抗战木刻组织。为配合抗战宣传，“全木抗协”举办了“全国抗战木刻展览会”，共展出木刻作品八百多幅，观众达数万人。

9 月初，此时已担任国民党广州空军总站指导员的廖铁铮来信，邀请赖少其去广州协助他。赖少其再次回到广州，做了广州空军总站的助理员。但战争形势逐渐恶化，10 月中旬，广州沦陷。到了 10 月 25 日，武汉也落入了日寇的手中。当了几天助理员的赖少其只好撤出广州，前往广西桂林。

广州和武汉相继沦陷后，桂林成为国民政府西南行营和军事中心。赖少其不愿前往陪都重庆，便辞去了空军总站的职务，与一批木刻家在 1938 年 10 月转赴桂林。这年年底，他和刘建庵、张在民在龙隐岩施家园 37 号建立了“中华全国木刻界抗敌协会桂林办事处”。此办事处立刻成为桂林抗战文化宣传的重要阵地。

同年 12 月，赖少其与刘建庵等人组织举办了一个全国性的木刻作品展览，展出作品达 300 余幅。但展览开幕不久，即遭日机空袭，展览场地被击中，全部木

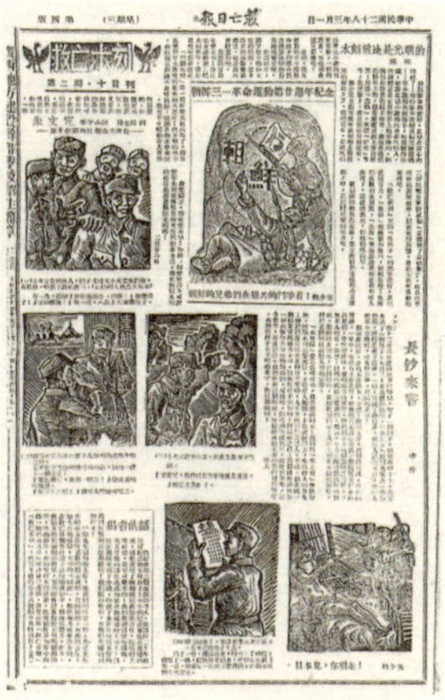
救亡日報

救亡漫木

左：《工作与学习·漫画与木刻》封面

右：《救亡日报》

刻作品与展览场地一并化为废墟，这是木刻家艺术作品遭遇的空前浩劫。

为宣传抗战，赖少其与刘建庵计划出版美术刊物《漫画与木刻》，恰好军事委员会西南行营的国际新闻社准备出版一份《工作与学习》，该社负责人、西南行营政治部的共产党员刘季平便与他俩协商，希望将两个刊物合并出版。为了刊物能顺利通过国民党审查，取得合法性，赖少其接受了刘季平的建议，出面担任刊物的发行人。于是，这份杂志经当局批准出版了。

这是一本特殊的杂志，封面是《工作与学习》，封底则是《漫画与木刻》，两个封面都以版画作为插图，展现强烈的革命性和战斗性。为此刊写稿、作画的人都是文化界的进步人士，出版该书的新知书店也是由地下党掌握的。由赖少其、刘建庵设计的《漫画与木刻》，不仅封面是木刻作品，连内文的插图也是木刻版画。他们还联络了桂林许多木刻家、漫画家如廖冰兄、黄新波、周令钊等为刊物创作作品，广泛宣传抗日救亡，深受读者欢迎。在赖少其的主持下，共出版了 16 期，影响较大，但也引起了国民党的注意。

赖少其还应邀为夏衍主编的桂林《救亡日报》副刊《救亡漫木》专栏刻制木刻插图，使木刻作品与文章相得益彰。

1939 年春节，依照中国传统习俗，桂林城区和农村、周边县乡的百姓都在大门上贴上了门神，以欢庆新年。与往年不同的是，这年每家大门上贴的门神都是一幅宣传抗战的木刻版画——《抗战门神》。国民政府西南行营政治部第三组在 1939 年春节前印刷了一万张《抗战门神》，广为张贴，之后又多次翻印，贴满了桂林的城镇乡村。《抗战门神》出版后，引起了美术界的瞩目。赖少其的老师、著名木刻家李桦和著名美术评论家黄茅等相继撰文，盛赞此画为木刻界杰作，使“西南各地城乡换上了一副抗战的新气象”，具有鲜明的时代特色和高度的现实意义。接着，桂林美术界便开展了一场以《抗战门神》为范例的关于文艺大众化、

抗战门神
1939 年
35 cm×24.4 cm
木刻版画
广州艺术博物院藏

民族化的热烈讨论。此年画还全版套色刊登在《良友》画报 1939 年 4 月号（总第 141 期）。

《抗战门神》是木刻艺术大众化、民族化的大胆尝试。此作的出现，是对年画、门神这类带有浓厚世俗意趣的艺术形式进行批判继承，推陈出新。它的成功也促使后来许多地方进行不同的“抗战门神”“年画”等制作。可以说，以赖少其的《抗战门神》为序幕，全国各地的版画家陆续尝试将“抗日”等时代话语，融入中国民间传统形式中，以广泛引起民众的共鸣，达到扩大宣传抗战范围的目的。

9 月，赖少其接到好友吕蒙的来信，信内附有新四军政治部主任袁国平写给八路军桂林办事处李克农的信，介绍赖少其参加新四军，并请李克农协助。10 月，《工作与学习·漫画与木刻》被国民党勒令停刊，赖少其被列入特务逮捕的黑名单。中共桂林市委得知赖少其有遇险可能的消息，立即通知赖少其离开桂林。经商量后，决定由八路军桂林办事处介绍赖少其参加新四军，到皖南新四军总部去，投身革命队伍。

在八路军桂林办事处的协助下，赖少其以《救亡日报》战地记者的身份为掩护，手持三厅厅长兼救亡日报社社长郭沫若的介绍信，外出进行战地采访。一个多月内，每天写一篇“走马日记”寄回报社发表。

与此同时，赖少其经湖南转到安徽太平县内，由一位地下党员护送，沿青弋江顺流而下，进入了一个崭新的天地——泾县云岭新四军总部。

携笔从戎

1937 年 12 月 25 日，新四军军部在汉口正式成立，1938 年 1 月移驻南昌，4 月移往安徽歙县岩寺，7 月 1 日进驻泾县云岭。进驻云岭的新四军分驻在罗里村和东西约 15 公里范围内的 13 个自然村。司令部设在罗里村的一栋地主宅院种墨园内。军长叶挺、副军长项英、参谋长张云逸等都在这里办公和居住。

赖少其是以艺术家、文化名人的身份投身到新四军的。他到云岭不久，新四军军部就为他和同一时期来的其他人一同召开了欢迎会。在这次欢迎会上，他认识了一位广东姑娘，就是后来成为他妻子的曾菲。曾菲是广东梅县人，1938 年参加革命。高高的个子，结实的身板，浑身散发着青春气息，特别是她爽朗的性格，待人热情诚恳，给赖少其留下了深刻的印象。

成为新四军军人的赖少其被安排在军部政治部工作。新四军战地服务团美术组赖少其和沈柔坚、梁建勋等人积极开展宣传活动。他们在云岭的集镇上举办街头画展；为配合戏剧组的演出，他们带上自己创作的宣传画随剧组到演出地进行流动宣传；还为军部政治部编的《抗敌报》和《抗敌》画报提供画稿。此前，《抗敌》画报都是石印，既费事又不方便。赖少其进行了大胆革新，由石印改用木刻印刷，将木刻版夹在排好的铅字中间印刷，既提高了效率，效果也比原来好。

在赖少其到达新四军不久的 10 月间，也是鲁迅先生逝世三周年之际，为在皖南游击区发挥木刻的宣传作用，他和沈柔坚等人组织了“木刻研究会”。另外，赖少其还在 10 月 15 日写了《抑制着哭泣罢》一文，发表于《抗战剧场》第 11 期，以缅怀鲁迅先生。

在云岭，赖少其努力工作，政治上追求进步，思想上也有了飞跃。1940 年 5 月，由洪雪村和何士德介绍，赖少其光荣地加入了中国共产党。在一间农舍里，他在中国共产党的党旗下，举手庄严宣誓，决心为共产主义事业奋斗终生。

在新四军，赖少其除了用绘画进行战争的动员和宣传，还以他所能的其他方式来宣传抗战。在云岭，每天早晨，从松林深处，从叶子河边，到处都会传来嘹亮而雄浑的《新四军军歌》歌声。受此鼓舞，赖少其产生了创作歌词的强烈欲望。他觉得歌声要比绘画的宣传效果来得更直接，更能振奋人心。

晚上，在简陋的营房里，在微弱的灯光下，赖少其思考着歌词的内容。在大雾弥漫的长江江面，与狂风恶浪搏斗的船夫，奋勇到达大江彼岸。渡长江，不正是新四军不惧艰险的表现吗？想到这里，赖少其灵感闪现，奋笔疾书，写下了《渡长江》：

划呀哟嗬，划呀哟嗬！
薄雾弥漫着江面，
江水冲击着堤岸，
当这黑沉沉的午夜，
我们要渡过长江。
饥寒困苦算得什么？
敌舰上下弋游，
我们不怕。
长江是我们的，
我们千百次自由地来去，
我们要渡过长江，
获得更大的胜利！

歌词创作完成，赖少其将《渡长江》交给了新四军的军旅作曲家何士德。何士德看了《渡长江》，觉得歌词虽短，但展现的场面宏大，情感豪迈、激越，十分欣赏，表示马上将它谱成歌曲。几天后，何士德果然将曲子谱好，采用混声四部合唱的形式，把赖少其歌词的意境表现得凝重、雄浑而壮阔。

政治部主任袁国平看了歌词，听了何士德的演唱，非常高兴，立刻命令全军战士学唱此歌。《渡长江》立刻在新四军连队传唱开了。一时间，新四军驻地里处处都能听见雄浑的《渡长江》歌声，甚至传播到皖南皖北，江南江北，直到黄河边上。在战火中，《渡长江》成为鼓舞战士不断向前的战鼓，成为激励战士奋勇杀敌的进军号。

在军部政治部工作的赖少其，仍然渴望到前线去，希望能亲自拿起刀枪和日寇进行斗争。经过深思熟虑，他向组织提出申请，要求到连队去。上级认为，像赖少其这样的青年画家，到基层能获得锻炼，他的专长也能进一步发挥作用。于是，他被分配到三支队五团政治处任宣教股长。

三支队五团有着很强的战斗力，团里大部分是老红军战士，是新四军的主力团之一。在副司令员谭震林的指挥下，曾经数次击溃日寇和日伪军，取得了保卫繁昌城的胜利。在第五次保卫繁昌取得胜利后，军部还通报表彰了第三支队和五团。

炼狱之火

1941 年年初，发生了震惊中外的皖南事变。九千多名新四军指战员，除近两千人成功突围外，大部分壮烈牺牲，一部分不幸被俘。而身在三支队五团的赖少其，经历了激烈的战斗，在最后突围时，也被敌人俘虏了。自成为囚徒的那天起，赖少其就一直在寻找逃跑的机会。第三天上午，赖少其等一批新四军被俘人员被押送到旌德县栏桥河。由于赖少其一口广东口音，一个押解他们的国民党兵陈惠诚把赖少其认作亲戚。他是连长的勤务兵，潮汕人，想把赖少其留在军队里，好互相照顾。赖少其考虑到在国民党军队里逃跑会容易些，便答应了。

于是，赖少其就以陈惠诚哥哥陈惠勇的名字，留在国民党一一九团当兵。他被分配在连队，帮助文书抄写东西。不久，赖少其发现陈惠诚是传令兵，有一个“传令兵”的臂章。除夕晚上，趁着敌人在赌博，赖少其悄悄将陈惠诚的“传令兵”臂章偷来，又假造了一封给国民党繁昌县县长的信。大年初一，匪连长到团部拜年，陈惠诚也随同前往，连部没有人了。赖少其立即戴上“传令兵”臂章，手持给繁昌县县长的信，假装送信到繁昌县政府，顺利地通过了几道关卡。

赖少其原计划离开泾县后，从繁昌过江，然后到江北去找新四军。快到江边时，却遇见了国民党的巡逻兵，躲避不及，被带到国民党繁昌县政府。由于赖少其在新四军时，曾搞过统战工作，县政府许多人认识他，他的身份一下就暴露了，又一次被捕。

繁昌县县长徐羊我此前对抗日工作很热心，可此时的他并不打算放赖少其出去，反而准备将他活埋。赖少其被捕一事被宣城专员公署的专员邓昊明知道了。邓昊明是民主人士，同情新四军，他亲自出面制止对赖少其施刑，赖少其才免于一死，在元宵节后被押送到泾县，关在“皖南特训处看守所”里。

在泾县，邓昊明曾亲自看望赖少其。他提出，国民党的宣传报刊很需要人才，特别是会木刻的。他可以保赖少其出去，只要办个手续，声明不再参加共产党的活动。赖少其听后断然拒绝了！

元宵节前，赖少其一批共30多人又被押解上路。这次押解，国民党派了一个排的武装力量，刺刀上枪，子弹上膛，一个武装士兵押解两个人。赖少其他们手臂被捆住，两个人串在一起，在刺刀的驱赶下，跌跌撞撞地走了一天，傍晚才到一个村庄住下。他们被松了绑，手臂麻木，双脚肿胀。赖少其找了一根手杖，支撑着在屋内走动。想着明天不知道是继续赶路还是走向刑场，他就心情激荡。赖少其思索着，即使自己不能青史留名，也要像文天祥那样大义凛然！想到这里，他文思泉涌，用随身携带的木刻刀在手杖上刻下了一首诗，名为“国殇”：

来时白雪铺广野，不觉江南蝴蝶飞。

既欲亡羊思补牢，子兮子兮胡不归？！
胡不归兮可奈何，惟抱玉兮以沉疴！
夕阳西坠误迟暮，从此江河不扬波。
不扬波兮人已去，人已去兮名不坠。
名不坠兮草萋萋，草萋萋兮心欲裂！

经过一个多星期的徒步行走，3 月中旬，赖少其这批 30 多名“囚犯”被押到位于屯溪南面的临溪。设在临溪的国民党皖南特训处建起了大型的临时集中营，关押俘来的大批新四军官兵及从附近县市抓来的革命志士。由于人数太多，就将一座当地明清时的府第“陈氏宗祠”改作临时监狱，有一个连武装驻扎在门外。赖少其和陈念棣、秦锋、杨立平等几十个新四军干部被编进特训处。

本来体质就很差的赖少其，经过皖南事变和国民党非人的囚徒生活，在临溪监狱终于病倒了。病情来势凶猛，几天就把他折腾得几乎奄奄一息。管监狱的国民党中队队长起初不予理睬，战友们一再提出抗议，他才叫了个国民党军医草草为赖少其诊治了一下，给了几粒药丸就走了。赖少其吃药后根本不见效，病情越来越重。这时，囚室中的一位同志过来给赖少其把脉，摸了摸他的额头，看了舌苔，简单问了问病症，就开了张药方，自己掏钱连同药方交给监狱看守。中药买来后，他亲自煎药喂给赖少其喝下。这人就是歙县著名中医、地下党员王任之。

王任之果然名不虚传，赖少其吃了他开的药后，病情居然有了明显好转。王任之又继续为他诊断开方煎药，半个月后，赖少其就基本痊愈，恢复了健康。由于对文艺的共同爱好，两人成了亲密朋友。后来，赖少其为王任之刻印，因是给救命恩人，所以特别郑重其事，赖少其开玩笑说：“关在这样的地方，过的是非人的生活，已经不能做人了。把你那个立人旁去了吧！”于是，赖少其精心为王任之刻了一枚名章，把“任之”刻成“壬之”，又在图章四面刻了一首散文诗：

当我站在北国城头上展望，向着黄河的时候，我才感到祖国是多么辽阔，但心是寂寞的。不要忘记那雪影独步的人，虽是寂寞的，但却多伟大！把信心托于潮汐吧！从海浪中去认识自己与飞帆。少其语。

这枚图章，王任之爱不释手，一直珍藏在身边，直到去世。国民党将王任之关押后，一直没有找到证据。于是，五月初，准予他交保释放，仍回屯溪行医。赖少其才与王任之依依惜别。而他们在三个月内建立起的友谊，后来维持了几十年之久，风风雨雨都没能撼动他们用热血凝成的情谊。

临时特训处的监狱内秘密建立了一个临时党支部，有二十多位同志参加。在第一次支委会上，确定要组织夺取警卫的武装，举行越狱暴动。后来得到消息，他们将要被转移到新的地方。临时党支部认为，在押解途中寻找机会暴动是最佳选择，决定改在转移途中进行暴动。

1941 年 5 月，国民党决定将关在临溪特训处监狱的新四军人员转移。有 150 多人，分两批起解。第一批是军事干部，包括新四军战士，从陆路步行前往；第二批是政工干部，有二三十人，从另一路前往。赖少其被编在第二批转移。临时秘密党支部和秘密组织大部分同志也在第二批出发。组织途中暴动的具体任务由陈念棣、胡永康、孙锡禄和赖少其等人负责。

他们此次是从临溪步行到屯溪，再由屯溪乘船沿新安江到浙江兰溪，然后再去一个他们也不知道的地方。到屯溪后，赖少其等人被松绑，改乘木船前往兰溪。二三十人分乘三条木船，每条船上都有一个班的敌人警卫，警卫排排长就在赖少其这条船上。赖少其与孙锡禄同乘一条船。上船前，秘密党组织决定由赖少其所乘的船作为暴动的指挥船，孙锡禄任指挥，赖少其负责发暴动信号。

第二天，木船继续前行。中午时分，由于天气闷热，敌排长已入睡，分坐船头船尾的敌兵也昏昏欲睡。此时，船已到严州郊外，两岸群山连绵，是暴动的绝佳地段。一切准备妥当，暴动机会来了。赖少其与孙锡禄对视了一下，轻轻点了点头，准备发出暴动信号——唱《国际歌》。突然岸上响起枪声，船上的敌人都被惊醒，马上紧握枪支，子弹上膛，警惕地注视着岸上。事后才知道，那枪声是岸上敌人在抓逃兵，与他们无关。暴动计划无法实施，失败了。

第三天晚上，赖少其他们在金华被押上了火车，渐渐驶进江西。严州的暴动没有成功，他们曾计划在火车上“集体跳车”，也因被敌人发现动向，枪口瞄准他们而失败。火车最终缓缓停了下来，赖少其他们来到了目的地——上饶。

1941 年 3 月，国民党将被俘的新四军干部战士六百多人，加上从东南各地抓来的共产党员、爱国抗日进步人士共七百多人，武装押送到上饶，囚禁在上饶南郊的周田、石底、茅家岭、七峰岩和李村等村庄，建立起一座规模庞大的监狱。囚禁在这里的革命志士称它为“上饶集中营”。

赖少其一批二三十人被囚在周田监狱的特训班第三区队。赖少其被编在其中的第九分队。赖少其曾坚定地拒绝过敌人的种种劝降，为此被单独关押，责令通宵反省，并被划入“死硬分子”之列。

赖少其将自己在押解途中写的《月夜囚徒之歌》歌词交给难友钟袁平，请他为歌词谱曲。钟袁平看了这首歌词，也非常喜欢，几天后就把曲谱好了。此歌很快就在集中营的囚室里唱开了：

星儿明灭，月儿穿过如絮的云团，
我的心，像湖畔的芦苇随风飘荡。

你疲倦了吗？不！
我曾奔走万里的途程。
你痛苦了吗？啊！这是爱国忧家的忠诚！
你是来自西北，
我是来自东南；
你是来自黑龙江上，
我是来自南国的海滨。
为了赶走日本强盗，
泣别了爹娘，
别离了家乡。
我的心，像怒吼的钱塘江潮。

我何其年轻，像钢铁一样坚强！
月儿慢慢幽暗，我伴随着孤灯，默默无言。

赖少其的身份已经暴露，在集中营里他的身份是公开的。由于常要“受训”，他们每人有一把小竹椅，赖少其就在自己的椅背上刻了名字。有一天，30多名新四军中层干部被押进周田村集中营受训。刚一进房里，一位眼神深邃、沉静稳重的长者过来主动和赖少其打招呼，并问：“你就是赖少其？”“是的。”赖少其回答道。这位长者高兴地自我介绍说：“我叫冯福春。”又轻声地补充了一句，“我就是冯雪峰。”

冯雪峰！就是那位与鲁迅先生关系密切并参加长征的著名诗人冯雪峰！赖少其激动得难以言表。冯雪峰一直严守秘密，没有暴露自己的真实身份，但难友中

自由的高飞[1]
20 世纪 50 年代
26 cm×18 cm
木刻版画
合肥赖少其艺术馆和广州艺术博物院均藏

还是有人认出了他，大家都心照不宣。之后，赖少其经常找他交谈，谈生活，谈文学，谈版画，也谈鲁迅。冯雪峰对赖少其和几个信得过的同志也讲党史，讲长征，讲个人经历。冯雪峰讲的事迹与故事，让赖少其觉得天地更宽广，也对冯雪峰更加崇敬。

上饶集中营特训班的头目除班主任张超和他的亲信大队长王寿山外，还有挂上校衔总干事杜筱亭，总教官肖芬。特训班里经常发生头目间互相拆台的事情。杜筱亭为了邀功，决定在特训班办一个墙报，以显示他“政治感化”的成绩。王寿山知道后，不和杜、肖商量，就先在特训班办起墙报，以显示自己的才能。

王寿山把办墙报之事交给冯雪峰、郭静唐、赖少其、吴大琨等几个文化人负责，规定墙报要给他看完才能张贴。冯雪峰与秘密党组织的党员讨论，认为可以办墙报，但绝对不发表反共，攻击新四军，颂扬敌人和悔过自新的内容，同时，要利用墙报以隐晦的手法，教育和鼓舞同志们，讽刺敌人。

于是，墙报编辑组由冯雪峰总负责，赖少其和曾在新四军军部政治部共事过的画家邵宇，负责墙报的设计和美术编辑。经过积极筹备，第一期稿编好就交给王寿山审查。王寿山是个不懂文艺的人，装模作样地看了一下说：“可以，你们出版吧。”于是第一期署名“更新”的墙报贴出来了。有冯雪峰歌颂普罗米修斯的诗，叶苓悼念画家徐宝兰的散文，还有其他人的文章，以及赖少其的大幅刊头画《高飞》。墙报贴出后，特训班的学员们都围过来，边看边议论，气氛十分热烈。

那幅刊头画《高飞》尤为突出。一只矫健的雄鹰站在高山上，双翅微张，直视远方，正欲高飞，而一张铁丝网横在画面前方，挡住了它的高飞。雄鹰代表关在集中营里的革命志士，那铁丝网就是限制他们自由的集中营。而题目“高飞”

[1]《自由的高飞》是 20 世纪 50 年代，赖少其根据抗战时期的刊头画《高飞》重新创作的作品。

正是反映了囚禁在这里的同志们渴望自由，奋力搏击的心情！而冯雪峰更为此画配了一首诗《愤怒》，在诗中预言革命志士将冲出牢笼，振翅高飞。

到了第五期《更新》墙报出了后，王寿山自鸣得意，为了显示功劳，邀请张超他们来看。对于文艺，张超也是一窍不通，看不出什么问题。但是，一同前来的杜筱亭、肖芬编过许多反共刊物，反革命嗅觉极为灵敏。肖芬越看越觉得《高飞》这张画有问题，突然叫道："这是什么意思？这幅画有问题！"然后给张超解释了画作的内涵，说这是号召学员们飞出去，是要搞暴动。经肖芬一说，张超也发现问题严重，严厉地说："这哪是什么墙报？简直是煽动造反！墙报不要办了！"说完就气呼呼地走了。

王寿山邀功不成，反被训斥了一番，气得半死。他知道，肖芬、杜筱亭不会就此罢休，等他们一走，便立刻把几期墙报全部撕下，一把火烧了。回到办公室，又把经他审阅的原稿全烧了，这才放心。果然，杜筱亭给张超写了报告，指出墙报问题严重，要追究责任。但因王寿山已把墙报和原稿全部烧毁，张超也不想把事情闹大，事情也就不了了之。然而，因为《高飞》，赖少其已经引起了特务的注意。

墙报停刊后，为了进一步进行"政治感化教育"，敌人决定在每月月底举行"国民月会"的基础上成立剧团。剧团人员从各队会唱歌演戏的"学员"中挑选。秘密党支部认为，成立剧团可以把编导、表演、布景、剧务等工作都负责起来，争取把话剧演到集中营外面，和外界取得联系，揭露集中营的内幕。还可以在外出表演时找机会越狱逃跑！

9 月中旬，"更新剧团"正式成立，成员共 20 多人。大部分是自己的同志，也有敌人派来监视和不知底细的人。赖少其被指派到剧团负责道具、画布景等工作。剧团决定先排演邵荃麟写的抗日戏《麒麟寨》。中秋节晚上，更新剧团的《麒麟寨》在周田村的小广场上正式演出。赖少其设计和绘制的布景十分贴近剧情，情景交融，使演出增色不少。第一次演出成功后，剧团接着又演出了《前夜》和《农村曲》，而赖少其仍负责布景设计。剧团名气大了，张超和王寿山很得意。国民党第三战区长官部要剧团在“双十节”时到铅山县的永平、石塘一带公演，还贴告示提前卖票，想趁机赚一把。

然而，却发生了一件出乎意料的事。这天，赖少其被叫到张超办公室。张超问他最近写了什么。赖少其想了一下，坦然说：“没写过什么。”张超冷笑着问：“没有给谁写过一张纸条？”赖少其觉得莫名其妙。张超厉声说：“你给钟袁平写过纸条。你想串通他一起逃跑！”赖少其感到极为愤怒，这显然是有人陷害，质问张超有何证据。张超继续审问：“你要老实交代，是谁指使你逃跑的？你们准备逃到哪里去？”赖少其针锋相对，坚持自己的清白。张超又翻出“旧账”，说他画的《高飞》就是煽动逃跑。赖少其立刻回道：“《高飞》作为墙报刊头，是经过大队长审阅的。”张超理屈词穷，命令部下把赖少其带到一间单独囚室反省。赖少其明白，敌人是不会轻易放过他的，他已做好思想准备，即使献出生命，也毫不畏惧，绝不动摇。

这时，大队长王寿山进来了。他装出一副悲天悯人的样子，用“长辈”的口吻说：“你们年轻人就是执迷不悟。要讲‘革命’，我的资历比你老得多。跟着共产党有什么好下场？你还年轻，前程远大。只要你愿意悔过，不参加共产党的活动，我就放你出去。”赖少其反问道：“我参加抗战就是犯罪，就要悔过吗？”“你是走错了路。共产主义也许是好的，但不适合中国的国情。比如说，中国就像一间破房子，破房子只配放一张破藤椅，如果放一张漂亮的沙发就不行。所以，中国只能由国民党统帅，由蒋委员长统帅……”王寿山一番“高论”竟把国民党比喻成破藤椅，这无意中说的“真话”，让赖少其不由得哈哈大笑了

茅家岭监狱

起来。

王寿山见状一愣，才意识到自己说走了嘴，又见赖少其笑得轻蔑，不由得脸色发青，杀气腾腾地说：“我好言相劝，你是敬酒不吃吃罚酒，看来你是死不悔改了？”赖少其坚定地说：“我没有罪，有什么好改的？你愿意怎样就怎样！大不了一死。”王寿山冷笑道：“死哪有这么容易？我让你生不如死。”接着，他命令门外的四个宪兵把赖少其押到茅家岭去。许多难友发觉了，都呆呆地望着，目送赖少其离开，不知是走向刑场，还是到一个不知道的地方去。

茅家岭监狱在皖南事变后成为集中营的禁闭室，专门囚禁集中营里对敌斗争最坚决的革命志士，被称为“狱中之狱”，是集中营里最恐怖的地方。在茅家岭监狱内的一面墙边，摆着几个特制刑具——四周缠满了铁刺的木囚笼，专门用来惩罚狱内的“顽固分子”。木囚笼有一人高，长宽却只有一尺许。人关在里面既不能坐，也不能动，稍稍转动就会被铁刺刺出鲜血，甚至皮开肉绽。这些被囚禁在茅家岭监狱的共产党人和革命志士要经受比上饶集中营更为残酷的磨炼，战友们都称之为“茅家岭大学”。

茅家岭监狱的管理员是特务王锡恩，难友们暗地里都叫他“王八”。与赖少其一同被押进茅家岭的还有钟袁平。来了新人，监狱内照例会引起小骚动，“号子”里的同志们都用同情的眼光，迎接新来的同志。钟袁平被关进牢房里，而赖少其却被直接押到“铁笼”前，被“王八”关进了铁刺笼。

在赖少其被押进监狱前，这里已关了二三十个“顽固不化分子”。由于互相不认识，敌人有时会派奸细混入难友中。因而，“囚犯”对新押来的人都很谨慎，不敢轻信，要考察些时日，特别留意特务们对他的态度。若特务对他施以毒刑，那肯定是自己人。

这时，难友们见新押来的人被直接关入铁刺笼，立刻对此人产生了好感。被

茅家岭监狱里的“铁刺笼”

称为大姐的李品仙一眼认出，他就是《渡长江》的作者赖少其！男女囚室的难友们在悄悄议论，说他是《渡长江》的作者，说他好样的，是硬骨头！见到战友们挤在栅栏前望着自己，眼神里充满了同情、赞扬和钦佩，赖少其望着他们，已无半点血色的脸上泛起了一些微红。

可难友们无法用言语表达内心的赞扬与声援。这时，从囚室中传出了《渡长江》的歌声，在监狱中回荡，声音颤抖，那是大家极力抑制内心激动的声音。赖少其感到一股暖流从心中涌出。他向战友们轻轻点头，微笑着，以感激战友们的鼓舞。

狱中的女囚犯比较自由，可以在牢里走动。有位女青年一直注视着赖少其，她望着自己崇敬的诗人，激动万分。她就是林莺。她觉得要为他做些什么，哪怕是为他减轻点痛苦也好。她用小茶杯装了一杯水，轻轻走到铁笼旁，递给赖少其。赖少其接过水杯，一口气喝完了。他把茶杯还给林莺时，她又将一个小纸包塞到他手里。待她回到囚室，赖少其悄悄打开纸包，发现是一包已经去了皮的花生米。顿时，赖少其的眼睛湿润了。

不久，囚室里又唱起了《八百壮士》歌，慷慨激昂，只是歌词被修改过：“中国必定亡，中国必定亡！你看那民族英雄坐监牢……”歌声此起彼伏，激起阵阵高潮。这时，“王八”忍不住从警卫室跑出来，一边大骂，一边挥动着木棍隔着木栅栏朝囚犯们乱打。看见“王八”满脸通红，一副气急败坏的样子，赖少其忍不住发出了笑声。这笑声刺激了“王八”，他气得七窍生烟，蹦了起来，大喊着：“把他吊起来，吊起来！”打手们把赖少其的手反绑起来，将他吊在铁笼里，“王八”才狠狠而去。

吊在铁刺笼里，赖少其感受到从未有过的痛苦。他后来在《站铁笼》一文中回忆当时的感觉，仍然十分清晰：“绳子越吊越紧，身子也慢慢沉重起来。一丝丝的刺痛从两腕蔓延到肩膀，直刺进了胸中，以后，又好像从骨髓中发出阵阵的剧痛。脑子也浑浑噩噩起来。大地仿佛像狂风一样在旋转……”他的双腿渐渐支撑不住，但稍一动弹，额上、胸前就被铁刺刺出了鲜血，几乎失去了知觉。

天渐渐暗下来。赖少其仿佛听到一个站岗的士兵在说：“你不要笑呀，他恨你笑……”又说，“君子不吃眼前亏！”这时有个小女孩，在墙角找到一根一尺多长的木棍，放在赖少其屁股下，使他可以稍稍倚在木棍上，但看上去，仍像吊着一样。顿时，赖少其感觉轻松多了。他用感激的目光看着那位并不认识的小姑娘。

突然，狱里发出一阵怒吼，大家一直在抗议：“你们不能这样对待他，他有什么罪？”“快把他放下来，快把他放下来！”“这样下去他会死的！”“王八”一开始还不予理睬，抗议声越来越大，他慌忙跑出来，见大家怒视着他，群情激愤，怕闹出事，才去打开木笼的铁锁，将赖少其手上的绳索解开，一边解绳子一边还在骂。将绳索解开后，仍将赖少其关在铁笼里。

赖少其被解开后，才感到一阵轻松，麻木的双臂开始有了感觉。在昏暗的夜色中，战友们用充满敬意的眼神，望着铁笼里的赖少其。尽管他那么瘦小单薄，那么虚弱，但在战友眼里他却那么英勇、那么高大。直到深夜，“王八”才将赖少其放出来，让他回到“号子”睡觉。第二天，他又将赖少其吊在铁笼里，晚上才将绳索解开，直到深夜才把他从铁笼里放出来。在茅家岭监狱，赖少其被吊了三天铁笼。

根据新中国成立后上饶集中营纪念馆的资料统计，共有 22 位共产党人和革命志士受过“站铁笼”的刑罚，而赖少其是唯一一位被吊在铁笼里的。

越狱成功

就在赖少其被吊在铁笼里受折磨时，“更新剧团”也引起了不小的波澜。管理剧团的敌人袁指导员也想带剧团到外面公演，趁此可以捞一把。听说赖少其被关进了茅家岭监狱，他吃了一惊。因为赖少其是剧团不可或缺的“台柱”，演出的灯光布景等重要剧务工作都是他一人负责，别人无法代替。赖少其一不在，戏几乎演不成了。

姓袁的不敢埋怨上司，就骂赖少其这是拆台。剧团的战友为赖少其辩护，说他写信要逃跑根本没证据，是有人故意陷害他；又有人说，这是因为剧团太出风头，有人妒忌使坏。姓袁的试探着让剧团选一个人出来搞布景设计。战友们更加强调非赖少其不可，说布景很难弄，一下子根本学不会。而且每场戏的硬景要东拼西凑，只有赖少其一人懂，谁都代替不了。

演出日期快到了，三战区长官早把演出日期通知了铅山的军政机关。那几天，长官部每天打电话催剧团出发。每次来电话，姓袁的就心急火燎地找演员们商量。战友们都一副大不了不演的样子，把他急得跳脚。眼看无法拖下去，敌人只好找了个“台阶”，把赖少其从茅家岭监狱放了出来。

然而，敌人是绝不会轻易放过赖少其的。冯雪峰十分关心赖少其的安危，得知公演结束后敌人将要加害赖少其，立即同集中营秘密党组织商量，要尽量保护赖少其的安全。解决的唯一方法，就是越狱逃跑。支部决定利用剧团到石塘演出的机会，帮助赖少其越狱，并决定邵宇和他一起逃跑。

剧团出发前，冯雪峰给了赖少其和邵宇30元大洋，这是地下党员汤逊安从桂林托人带给狱中的林秋若，林秋若又将党费交给冯雪峰，供他越狱用的。冯雪峰宁愿自己暂不越狱，而将钱全部给了赖少其和邵宇。他又给他俩写好介绍信，介绍他们到浙江丽水找他的朋友。赖少其发现这封“信”是两条分开的小纸条，一条写收信人地址，一条写着姓名。赖少其将两张纸条小心地缝在衣服的夹缝里。冯雪峰动情地说：“我只能介绍你们出去后找同情者，不能给你们介绍党的关系，因为你们随时有被捕的可能。”说着说着，握着赖少其的双手发抖，几乎流出泪来。

赖少其也感动地说：“您放心，我们一定会成功的！”

“双十节”前，剧团在一排宪兵的押送下，到了铅山的永平镇，在一座古庙里接连演了三天戏。接着，剧团从永平到了石塘，又准备在当地的一座古庙里演出。第二天下午，剧团秘密党支部负责人肖车和邵宇找了个机会，偷偷察看了周围的地形。将近黄昏时，演出快要开始，他们在后台忙碌地准备着《麒麟寨》的演出，庙内外的观众熙熙攘攘。这时，机会来了，赖少其和邵宇迅速换上演出的农民服装，趁着庙内外比较混乱，混出大门，溜出了石塘镇，在夜幕的掩护下，向着南面的崇山峻岭飞奔而去……

赖少其和邵宇虽然逃离了集中营，却还没有真正脱离危险，他们仍然有着被抓回去的危险。这晚，他们逃出石塘后，夜色中只是在山里乱转，没有指南针，只能凭经验和感觉前行。在山里，他们敲开了一家农户的大门，这家只有一个老人在家。老人猜到他们是从集中营逃出来的，什么也没说，就给他们做饭吃，并留住了一晚。第二天一早，老人又用布包了饭给他们带在路上吃。赖少其和邵宇想绕道福建，然后再前往江苏和上海。可老人也不熟悉去福建的路，只能将他们带到一个路口，为他们指了大致方向。

在茫茫山林里，他们又迷失了方向。后来看见一个农民在山里砍柴，想问路却怕他不是善类，就等他挑柴回去时，悄悄跟在后面，这样就能到达一个村庄。不料，这农民也发现了他们，飞快地往村里跑。他们怕他跑回乡里报信派人来抓他们，于是就掉头往另一个方向跑。最后躲在一个稻田里用稻草把自己盖起来。由于疲惫不堪，晚上又冷，他们挤在一起，躺着躺着就睡着了，足足睡了一夜。

他俩想，这样在山里瞎转，不知何时才能到福建，不如干脆走大路更快捷些。为了应付可能遇到的盘查，他俩充分发挥自己的特长，刻了个“河口福音堂”的假公章，又写了个假介绍信，说福音堂因遭日机轰炸，有教友受伤，须前往宁波买西药。一路上，他们就凭着这张假路条，混过了一道又一道的关卡。那些守卡的国民党士兵大多不识字，看见这张盖着红印的“路条”就放他们过去了。就这样，他们顺利到达了闽北浦城。

可此时，他们已把身上的钱花光了。无处借钱，只好将邵宇身上的毛衣卖了30元钱。为了这30元钱能在必要时发挥作用，他们不舍得买车票，而是沿着公路步行。

这天，他们来到龙泉。考虑到路上关卡太多，而坐船只在上下船时检查，于是买了两张到丽水的船票。晚上，他们找了间便宜的旅店住下。半夜，突然响起紧急的敲门声，以为是来抓他们的。此时，门已被老板打开，一看，原来是警察的例行检查。警察查看了他们的“路条”，又看了他们去丽水的船票，就到另一间房间检查了。他们又闯过了一关。

第二天，他们登上从龙泉到丽水的轮船。此时，他们的钱已经花光，又饿得很，只好跟船老板谎称身上的钱被人扒去，可到丽水的朋友处借钱，商量可否赊碗饭吃。船老板见他俩不像是混饭吃的，就同意了。他们才得以解除饥饿之苦。到了丽水，赖少其留在船上作为人质，邵宇上岸去找他们的朋友木刻家杨可扬。邵宇到处打听，费了不少周折，才在丽水生产合作社的宿舍里找到他。

杨可扬听说他们因为吃饭付不起钱而赖少其被扣在船上，马上和邵宇跑去付了饭钱，又领着他俩到他宿舍里，拿了些衣服给他们穿上，安顿他们住在他的宿舍里。直到此时，赖少其和邵宇才算稍稍安顿。

在杨可扬的协助下，他们找到了杨可扬的上司单建舟。此人正是冯雪峰介绍他们找的人。赖少其取出冯雪峰给他的介绍信，单建舟看到只有两指宽的小纸条，十分惊讶，感叹他们能逃离虎口，来到丽水，实在很不容易。单建舟问他们下一步的打算，赖少其和邵宇都说要回到新四军。但是找新四军必须经过上海，而上海、宁波已被日寇占领，路已被堵，怎么去呢？

最后他们决定，先到温州，经沈家门坐船到上海。于是，单建舟给了他们些盘缠，他们就上路了。在温州，经单建舟的介绍，住在夏子颐家里。为了解除旅途疲劳，加之实在太脏，他们就到温州的澡堂去洗澡。由于敌人的折磨以及越狱后的紧张和劳累，赖少其的身体已虚弱到极点，洗着洗着，他就头晕气闷，最后晕倒在澡堂里。邵宇和澡堂工人忙将他抬到通风的地方，又为他搽了些顺气的药物，赖少其才苏醒过来。

夏子颐知道他们是画家，又擅木刻，就给他们介绍一位在温州的木刻青年杨涵。杨涵是铁匠的儿子，不仅喜欢木刻，还会打木刻刀。见到赖少其，杨涵非常高兴，几个人经常聚在一起，谈木刻运动和木刻创作。后来杨涵还打了一副木刻刀送给赖少其。

有一天，赖少其和邵宇为办理一些证件走在街上，邵宇突然看见他在湖南工作时的一位同志。他激动得不顾是否合适，一下把对方拉住，把那人吓了一跳，一看是邵宇，才镇定下来。原来，这位同志是浙江省委的地下交通员，刚从新四军军部来，在这特务常出没的地方，他特别小心谨慎。这位交通员与邵宇约好联络的时间、地点，就赶紧和他们分开了。

在这位交通员的帮助下，温州地下党给了赖少其他们三百元关金票，让他们前往上海。交通员还告诉他们，他通过地下电台发电报给新四军军部，报告赖少其和邵宇已从上饶集中营逃到了温州。

赖少其和邵宇从温州先到了乐清，找到木刻家野夫。野夫是活跃在浙江卓有成就的木刻家，他通过县卫生局给赖少其和邵宇开了一张真正的路条，内容仍是河口福音堂前往宁波买药品。尽管这张路条只在国统区有用，而他们的行程主要是在日伪军占领的沦陷区，但这仍让他们心里踏实了些。

他们乘船到樟木头，打听到坐木船去沈家门（舟山）可以不用“良民证”。于是，他们就乘木船前往沈家门。但日寇此时已占领这一带的沿海港口，为防抗日分子潜入，海上盘查极为严格。他们乘坐的木船驶到海上，正巧碰上日寇的巡逻艇。日寇命令木船停驶，船老大听不懂，巡逻艇就向木船开了两炮，木船被迫停了下来。日寇将这艘木船和船上的人带到了镇海。

镇海是日寇的海军基地。日本人对船上的人一个个进行盘问，最后确信他们不是抗日的军人，才命令这艘船返回樟木头。在返程途中，又遇到了海匪，他们将船上所有人的钱物洗劫一空。幸亏邵宇将一百元关金票藏在舌底，才留下了可维持几天生活的钱。

他们两人又几经周折，辗转到了宁波。在宁波，他们自称温州人，花了一周时间才在温州同乡会办了“良民证”，饱尝了亡国奴的滋味，忍饥挨饿乘船到了上海。

在上海，赖少其和邵宇持着单建舟的介绍信，找到了党组织的盛震叔，又通过盛震叔找到了著名翻译家林淡秋。林淡秋在新四军政治部工作，在云岭时，赖少其曾与他一起共事。林淡秋得到消息，赶去见他们，三人的手紧紧地握在一起。林淡秋高兴地说：“哈哈，原来是你呀！他们说少其少其，我还以为是刘少奇同志呢。”

不久，苏中区党委副书记陈丕显收到了赖少其和邵宇通过地下党组织转交来的越狱经过材料。根据党组织指示，赖少其和邵宇由上海的地下交通员护送带领，与林淡秋和夫人唐康等同志一起，回到了苏中解放区。

苏中办报

苏中解放区是一片充满朝气与民主的地方。苏中抗日根据地是华中的战略要地。由于苏中处于平原地带，无险可恃，且日军重兵压境，斗争十分艰苦。赖少其来到苏中解放区时，敌我斗争的形势仍处于相持状态。

不久，军区党委将赖少其分配到苏中二分区的《滨海报》（后改名为《苏中报》）担任副刊编辑。滨海报社是个只有十几人的战斗小分队，由于敌人经常扫荡，报社没有固定的工作地点，只能流动出报。林淡秋则担任报社的社长兼总编辑。

报社小分队活动的地点是著名产盐区，渔民把一条绵延一二百里的海滩改造成盐场。由于水系密布，海滩上有取之不尽的芦苇，盐民们将海水装在锅里，用芦苇烧煮，将海水蒸发掉，再取出锅底的盐，这种煮盐的灶在当地称为盐灶。每个盐灶上面都用茅草搭成一个尖顶的棚子，盐民在棚里既可煮盐又可以栖息。这些农民和盐民就成为苏中地区反击日寇的主要群众力量。赖少其以及滨海报社的同志们经常活动于这些盐灶间，他们的印刷厂就隐蔽在芦苇深处，有时甚至就在盐灶中印刷《滨海报》。

1943年1月，赖少其任新四军一师文工团副团长，后任一师战地服务团团长。8月，任一师政治部文艺科长兼文工团团长。10月，《滨海报》的文艺副刊专栏《海滩》上，赖少其发表了一篇纪实报告文学《站铁笼》，对上饶集中营里，敌人如何迫害共产党人和革命志士，身在牢笼的战友们如何坚定信心，互相支持、互相鼓舞等，进行了感人的描述。

同年11月，苏中区党委创办的《苏中报》出版发行。赖少其等《滨海报》原班人马又被调入《苏中报》。林淡秋仍任总编辑，赖少其担任该报副刊《现实》的编辑。让赖少其高兴的是，在《苏中报》创办前，他在温州时认识的青年木刻家杨涵也调到报社来了。报社分配他担任赖少其的助手，这使赖少其工作时更加得心应手。

《苏中报》创办时，已由油印改为铅印，印刷设备比《滨海报》好得多，但

1943 年 10 月，赖少其编著《第一张木刻》

仍然很落后。因为不能制版，赖少其和杨涵就充分发挥他们的木刻专长，把报纸所需的插图、刊头画、尾花、英雄人物的头像等用木刻刻出来，再把木刻原版放在编辑好的版面中，在印刷机上印出来。

赖少其也非常关心苏中的木刻活动，10 月与杨涵一起组织了“苏中木刻同志会”。但在严峻的战争环境下，许多同志虽对木刻有兴趣，却因买不到木刻刀而无法从事创作。赖少其知道杨涵是铁匠的儿子，便由他打制木刻刀。赖少其还通过二分区陈同生专员的帮助，找到一位老锻工协助杨涵，用一周时间打制了十多副木刻刀。木刻刀的问题总算解决了。开展木刻活动，必须对初学者进行辅导。赖少其就亲自编写木刻教材，题为“第一张木刻”。教材写好后，他再和林淡秋、杨涵一起印刷。“苏中木刻同志会”成立后，《苏中报》成了苏中木刻家和木刻爱好者活动的基地。

赖少其编辑《苏中报》副刊《现实》需要刊登文学作品。为此，赖少其和林淡秋都亲自写文章。在刚到苏中等待分配工作时，赖少其就写了两篇文艺作品：一篇是《李连长》，记述皖南事变开始后，三支队五团七连的情况；另一篇是他在皖南事变后陆续写的十首诗，定名为“荆棘丛拾”。后来，他还发表过一篇《绝壁上》，以自己的亲身经历，记述皖南事变时新四军在东流山突围的激烈场面。

《苏中报》的副刊也积极扶植青年文学作者，不少青年作者先后在《现实》副刊上发表了文学作品。青年作者石言在林淡秋和赖少其的培养帮助下，进步很快，除了处女作《子弹》发表在《现实》上，后来又写了一篇散文，描写一个小伙子和一个姑娘谈恋爱，但因和当时战争的气氛不协调，赖少其将题目改为“爱马的人”发表在副刊上。新中国成立后，作者将这篇文章改成电影剧本，八一电影制片厂又将它拍成了电影，片名仍用原来的文章名字，就是著名的故事片《柳堡的故事》。

赖少其也在 1943 年春天完成了自己的人生大事——与在皖南新四军时就认识的广东同乡曾菲在战地服务团团部举行了婚礼。师政治部主任钟期光摆了两桌酒席，代表师部首长和指战员祝贺他们新婚之喜。新婚之夜，赖少其诗兴勃发，赋诗一首，以表达他忠于爱情，愿与曾菲长相厮守、白头偕老的感情：“月印深潭两度清，春水绿波相映人；分明无法分光影，要把人心当天心。”没有定情信物，也没有首饰，赖少其就送给曾菲一枚印章，作为新婚纪念。那夜，营房突然响起紧急集合的号声，赖少其和曾菲习惯性地从床上跳下，飞快地加入了集合的部队，随着部队出发。直到天亮，他们才发现又回到了自己的营地。原来这是部队演习和拉练。回到新房，想起度过了这样的新婚之夜，他俩不禁哈哈大笑。赖少其又赋诗一首，以纪念这个饶有趣味又难忘的新婚之夜：“露轻湿罗衣，雾重难举眉。轻狂走野径，未知醉如泥。”

四 / 建功苏浙

话剧《前线》

1945 年，抗日战争形势发生了根本转变。为巩固和扩大苏浙解放区，根据中共中央军委命令，1945 年 2 月 5 日，苏浙军区成立，粟裕任司令员。在《苏中报》工作的赖少其被调任苏浙军区政治部文艺科科长兼文工团团长。区党委利用战斗间隙，在党组织、边区政府和部队中开展整风运动。为配合整风运动，军区文工团组织演出话剧《前线》。

话剧《前线》是苏联卫国战争时期，著名剧作家亚·柯涅楚克创作的三幕五场话剧。作品揭露了当时苏联红军存在的问题，批判了傲慢、保守和假、大、空的行为，赞扬了实事求是的工作作风。此话剧对提高部队思想觉悟，加强战斗力起到了积极的推动作用，在当时苏联有很大的影响。后来，我国著名翻译家萧三将剧本译成中文。

粟裕司令员要求军区文工团尽快排练，必须在 15 天后演出三场。这对文工团团长赖少其是个严峻的考验。37 位团员中，过去演戏曲的、唱歌跳舞的，都必须在短时间内改演话剧。灯光、道具更加缺乏，特别是服装和布景，几十套苏联军官的制服和许多逼真的布景，如何能在短时间内赶制出来，这让团员们十分着急。

但赖少其不慌不忙地指挥调动着。首先，指挥军民挖山取土，修筑戏台；又从各纵队、机关抽调文艺骨干，连同文工团团员近一百人参加排练，夜以继日地琢磨剧本，背台词；他则带着几个人赶制服装、道具，三天时间就将各场需要的布景画出并制作完成；灯光设计方面也有了方案。

令大家振奋的是，话剧《前线》如期演出了。全体指战员和周围群众都来观看这场前所未有的大戏。除了深刻的思想内容和精湛的戏剧形式，舞台的灯光和布景真是让人赞叹！舞台前方是雪亮的汽灯，将戏台照得像白天一般；两边条幕上方，用松明做成火炬；幕后用绵延的烛光打出光波。让人惊讶的是，赖少其将

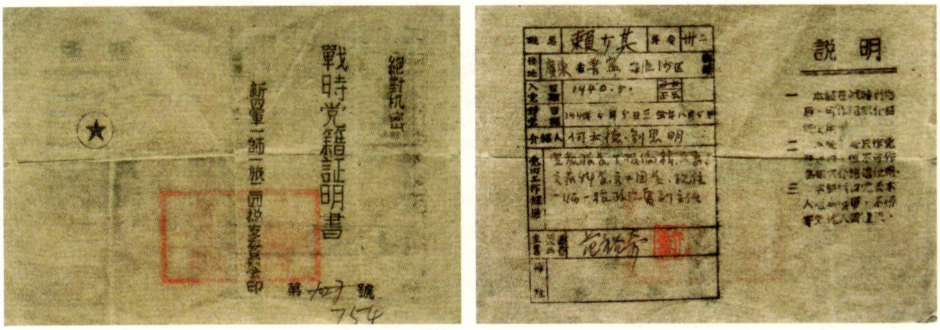

1946 年赖少其任新四军一师一旅二团政治处副主任的战时党证

戏台后面的荒坡作为舞台实景，在荒坡上放置了高低不平的稻草堆，并用白布覆盖在上面。演出时，在光波的映照下，这些自然实景与人工雪堆就变成了万里山谷、雪野战壕，赏心悦目，美不胜收。戏台上，赖少其亲自制作了俄罗斯式的军官指挥部里的装饰——圆木墙壁、军用地图等，都衬托出苏联卫国战争时的战争氛围。

演出取得了巨大成功，甚至比预想的还要好。演出结束后，台下的观众，包括粟裕司令员在内的新四军指战员、民兵以及当地群众，以长时间的掌声答谢演员们的精彩演出，而赖少其设计的灯光、道具、布景等也受到了高度赞扬。这次的演出可谓轰动不小。文工团团员们全力投入之后两天的演出中，驻地指战员，甚至许多远地的民兵和群众每晚都早早在戏台前等着，演出时台下人山人海。

第三天晚上，剧团继续演出《前线》。当第五幕即将演完时，指挥员不顾演出正在进行，突然走到台前，激动地向大家宣布：“同志们，告诉大家一个好消息，今天，日本宣布无条件投降了！抗日战争胜利了！”顿时，全场沸腾起来。戏演不下去了，演出提前结束。演员们走到台前，由团长赖少其指挥，齐声高唱胜利歌，台上台下，欢呼声、歌声响成一片。

这段时间里，赖少其也一直被伤病困扰。由于在上饶集中营里受到敌人的摧残，越狱回来后，工作忙碌，又没有注意调养，以致患了严重的十二指肠溃疡，胃部经常剧烈疼痛，有时痛得彻夜难眠，甚至无法坚持工作。上级领导了解到赖少其的病情，为了他的身体，也为了他的安全，在战斗最紧张的时候，安排他留在淮安郊区苏中野战医院负责《卫护报》的编辑工作。所以，苏中七战七捷的战斗，赖少其没能参加，深以为憾。

苏中战役后，聚集在两淮的国民党七十四师及其他敌人虎视眈眈，一场大战迫在眉睫。这时，若坐守后方，又将失去战斗机会。赖少其主动向上级要求到部队去锻炼，去参加战斗。此时，刚成立的华中军区的副政委兼政治部主任谭震林和政治部副主任钟期光批准了赖少其的请求。考虑到一师一旅二团还没有政治处主任，就派他先去担任副主任，协助团政委郑克做好全团政治工作。

首倡“立功”

经过紧张激烈的连续作战后，一师一旅二团此时正在涟水县大桥镇进行短期整训，随时准备投入涟水保卫战。赖少其骑着军马赶到了二团团部。

赖少其见到二团政委兼政治处主任郑克，很是高兴，毕竟是老朋友了。当初在皖南新四军时，赖少其是三支队五团政治处宣教股长。郑克是三支队组织科干事，又是赖少其的老乡，广东饶平人。赖少其还记得，他到三支队时，郑克就曾高兴地开玩笑说：“你是我们三支队敲得最响的‘鼓长’（音同‘股长’），打起仗来，一定要敲得更响哦！”

见到老战友来，郑克向赖少其介绍了部队的情况和政治工作的迫切问题。郑克提到：虽然苏中战斗七战七捷，但是部队也付出了巨大代价。现在的情况是干部新、骨干弱、成分复杂。这支由地方区队提升上来的地方兵团，在“反攻”阶段中参加过几次战斗，但对正规战还缺乏经验。而且大部分是苏中人，由于家乡陷入敌手，部队又辗转北撤，思想情绪很不稳定。

听了郑克的介绍，赖少其开始意识到问题的严重性。如何鼓舞士气成了赖少其工作的当务之急。他决定，先到连队去，找战士们了解情况，进行调查研究，再考虑解决的方法。

经过几次战斗，部队的装备上了新的档次，战士都换上了新式武器。但是，赖少其发现，由于战斗中不断有伤亡，又有新的补充，连队里多是新干部、新党员，老战士少。连以下干部工作不熟练，威信不够高，方式不好，明显增加了干部工作的困难。700多名解放区过来的新战士中，大多数来自李堡的顽军一〇五师，

1986 年 6 月第 22 期《瞭望》中钟期光所写《"立功运动" 表现了群众的首创精神》（文中附图为赖少其）

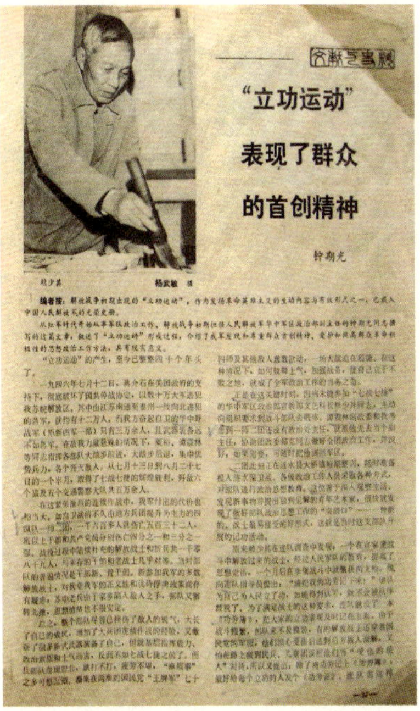
"立功运动"表现了群众的首创精神

钟期光

赖少其　　杨武敏 摄

编者按：解放战争初期出现的"立功运动"，作为发扬革命英雄主义的生动内容与有效形式之一，已载入中国人民解放军的光荣史册。

从红军时代开始从事军队政治工作、解放战争初期担任人民解放军华中军区政治部副主任的钟期光同志撰写的这篇文章，叙述了"立功运动"形成过程，介绍了我军发现和尊重群众首创精神、爱护和提高部队革命积极性的思想政治工作方法，具有现实意义。

"立功运动"的产生，至今已整整四十个年头了。

思想顽固，情况较复杂。新战士与解放过来的兵关系也不好。许多新战士不会打枪，班排干部态度又不好，因而出现了新兵逃亡的情况。俘虏数量增加后，旧军队的习气被带进来，破坏军中纪律的事时有发生，老同志也受到感染，问题不断发生。

问题找到了，但如何提高士气，在战斗中发挥英勇战斗的精神呢？赖少其又带着问题到连队中寻找答案。通过调查了解到，在连队中有两种不同的思想政治工作方式："支部竞选"和"记功劳"。他把这两种思想政治工作方法带回团党委加以研究，通过具体分析比较，大家认为："支部竞选"受时间限制，面又狭窄，无法推广；而"记功劳"方式面广，不受时间、地点限制，随时随处可进行，且已发挥一定作用，是很好的思想政治工作方法。

赖少其觉得，如果把战士们倡议的功劳簿、功劳证和功劳状等工作加以系统化，形成普遍性的"功劳运动"，则可打破时间、地点等限制，使之成为增强团结、提高部队素质和战斗力的长有效方法之一。经过深思熟虑，赖少其向二团党委提出了开展功劳运动的建议。此建议立刻得到团政委郑克的支持，并经过团党委的热烈讨论，于 1946 年 10 月 8 日正式做出《关于开展功劳运动的决定》，并由政治处宣教股起草了《功劳运动讲话材料》。

二团在全团开展功劳运动的政治工作，迅速受到广大战士和民兵的热烈欢迎。二团宣教股还提出"有功报功，论功行赏，赏罚分明"，"有功劳不骄傲，功劳上面加功劳"等口号，使之深入人心，战士们在实践中又将它进一步具体化。

通过开展功劳运动，二团面貌焕然一新，在行军、工事和涟水保卫战中，涌

1948 年 3 月，赖少其（左）任华东野战军八纵政治部宣传部部长，与政治部副主任李耀文（右）、军副政委王一平（中）合影

现了大批新的积极分子，战斗力也进一步增强。由于在涟水保卫战中表现突出，战斗结束后，二团被评为全师的先进团。

1946 年 11 月 8 日，赖少其写了《二团功劳运动第一阶段初结》，在党内刊物和军区机关报上发表。一师宣教科科长吴健人写了相关报道，由新华社前线分社发到延安，新华总社立即播放全国。11 月 11 日，延安《解放日报》在头版刊登了这篇报道，特加一则短评《号召普遍响应立功运动》，高度评价了这一运动。党中央机关报发出号召，延安部队率先响应。华中部队为了与全军一致，也把“功劳运动”改为“立功运动”，后来在整个华东部队（即后来的第三野战军）中普遍展开。

不久，立功运动作为有效的政治工作，在人民解放军各部队和各个解放区广泛开展，并由浅入深，从战士立功到干部立功，从个人立功到集体立功。在 1947 年莱芜大捷后的立功评奖大会上，赖少其因倡导立功运动而被评为“干部一等功臣”。

40 年后的 1986 年 6 月，上将钟期光在《瞭望》周刊上发表了《“立功运动”表现了群众的首创精神》一文，高度赞扬了赖少其倡导立功运动对解放军思想政治工作的突出贡献。周刊在该文按语中，盛赞“‘立功运动’作为发扬革命英雄主义的生动内容与有效形式之一，已载入中国人民解放军的光荣史册”。同时，在文章前面配了赖少其的大幅照片，正是不忘赖少其所建立的功勋。

由于工作出色，1947 年 6 月赖少其被调到华东野战军四纵任政治部宣传部副

赖少其在全国第一次文代会上作解放军文艺工作发言。主席台上为郭沫若（右一）、茅盾（右二）、周扬（右三）

部长，1948 年 3 月又任华东野战军八纵政治部宣传部部长。直到 1949 年解放军渡江前夕，他才奉调离开。

亲历大典

1949 年春，国共双方胜负已定。解放军陈兵江北，准备随时挥师南渡，解放全中国。渡江战役前夕，赖少其突然接到军区电令，要他速回济南。回到济南后他才知道，中央要在北平召开全国文艺代表大会，军区要他带领第三野战军（以下简称“三野”）文艺代表和三野文工团赴北平。到了北平，中国人民解放军总政治部任命赖少其为全国第一次“文代会”解放军代表团第一副团长（团长为张致祥，另一位副团长是宋之的）。

1949 年 7 月 6 日，“第一次中华全国文学艺术工作者代表大会”在北平中南海怀仁堂举行。党中央副主席周恩来为全体代表做政治报告，代表们聚精会神地聆听。突然，大家不约而同地站了起来，“毛主席万岁”的欢呼声响彻大殿，原来毛泽东主席已经来到主席台上，站在代表们的眼前。出席会议的代表们激动万分，拼命地鼓掌和欢呼，高喊着“毛主席万岁”，有的甚至流下了幸福的泪水……而这其中，就有一位穿着军装的年轻代表，他就是赖少其。

赖少其在这次会议上做了发言，他以自己的亲身经历和所见所闻，介绍了部队如何以文艺服务于革命战争；解放军的文艺工作者如何以文艺为武器，为革命战争做出贡献；还介绍了部队开展木刻活动的情况，并指出解放军开展的木刻运动为中国革命战争特别是为抗战的胜利做出了重要贡献。郭沫若、周扬等领导同

第一届全国政协会议第三野战军代表团成员。粟裕任团长（第一排左三），赖少其为秘书长（第二排左二）

志认真听取了他的发言，高度评价了解放军的文艺工作，并肯定了赖少其的报告。

会议从6月30日召开预备会开始，到7月19日闭幕，历时20天。由赖少其率领的三野文工团在音乐会上演出了《淮海战役组歌》，毛主席和朱德总司令观看了这台晚会。

全国第一次文代会结束后，赖少其回到三野的驻地南京后不久，又接到通知，要他到北平参加全国政协第一届会议。三野参加第一届全国政协会议的代表团由正式代表和候补代表7人组成，5名正式代表是粟裕、江渭清、陈士渠、唐国栋和赖少其。粟裕是团长，赖少其为代表团秘书长。

1949年9月21日，第一届中国人民政治协商会议第一次全体会议在中南海怀仁堂举行，出席会议的代表是来自全国各地的各民族、各党派以及教育、文艺、学术、宗教、无党派等方面的代表性人物和知名人士。赖少其是662名代表之一。

在政协小组会上，赖少其被编在“共同纲领”组，参与讨论修改这部临时宪法的内容。9月29日，《中国人民政治协商会议共同纲领》获得通过。同时，大会决定，首都定在北平，将北平改名为北京；国旗为五星红旗，国歌为《义勇军进行曲》；选举毛泽东为中华人民共和国中央人民政府主席……赖少其亲自参与国家大政方针的决策和制定，使他感到无上光荣，也感到责任重大。

1949年10月1日，赖少其作为中国人民解放军第三野战军的代表，应邀登上了天安门城楼，参加历史性的开国大典。

下午3点，天安门广场响起了《东方红》乐曲。在一阵热烈的掌声中，毛主

赖少其参加第一届全国政协会议的代表证

席缓步登上了天安门城楼。跟随在他身后的，有朱德、刘少奇、周恩来、林伯渠、陈云、董必武、宋庆龄、李济深、张澜等领导人。四大野战军代表和各族人民代表，各民主党派、人民团体的负责人，也一起登上了天安门城楼。

赖少其就站在毛主席身后不远的地方，他目不转睛地看着毛主席，将毛主席的每一个动作都深深地烙印在脑海里。

开国大典正式开始了，赖少其看见毛主席走到话筒前，以洪亮的声音，庄重地向天安门广场以及长安街上的群众，向全世界宣布：

同胞们，中华人民共和国中央人民政府已于本日成立了！

接着，军乐队演奏国歌。毛主席亲手按下通往广场中央国旗旗杆的电钮，新中国第一面五星红旗，在雄壮的国歌声中徐徐升起，迎风飘扬。之后，54门礼炮代表五四运动，齐发28响，代表中国共产党28年来领导中国人民取得的伟大胜利。从天安门城楼向人民广场望去，无数的红星和红旗织成了一块巨大的地毯。接下来是阅兵式和群众游行，晚上还举行了焰火晚会，整个活动一直持续到晚上10点。首都北京，沉浸在欢声笑语的海洋中！

五 / 文艺华东

南京文联

1949 年 10 月开国大典后，赖少其离开北京前往南京，由部队转到地方工作，担任南京军管会文艺处处长，后任南京市委宣传部副部长，并受聘兼任南京大学（原中央大学）、金陵大学教授。

受第一次全国文代会的鼓舞，并得到上级领导的支持，赖少其积极筹备，于 1949 年 11 月上旬召开了南京市第一届文代会，并成立了南京市文联。赖少其兼任南京市文联副主席，1950 年 6 月补选为南京市文联主席。

新中国成立后，一部分青年艺术家，包括青年学生，比较激进，认为要把一切与革命不相适应、封建腐朽的东西彻底丢弃，其中包括中国画。继而有人提出，把中国画教学从美术系驱逐出去。许多大专院校取消了中国画教学，温和些的，就将中国画课改成彩墨画课。这时，南京大学艺术系的教授傅抱石站了出来，坚决与这种割断历史的行为进行斗争。对于排斥中国画并且取消中国画教学的做法，他认为这是民族虚无主义，是一种否定民族优秀传统文化的行为。他坚决认为“中国画”的名字不能改，中国传统艺术不能丢。

此时，傅抱石正担任中国美术史的教学，为了让中国画教学在南京大学继续开展，他顶着压力，同时兼任中国画的教学。但傅抱石实在势单力薄，有些学生为了表现“革命”，不去上傅抱石讲授的中国美术史和中国画课程。此时，兼任南京大学艺术系教授的赖少其得知这一情况，觉得对傅抱石的行为应予以支持。为此，他亲自动员那些学生去听傅老师的课。

与此同时，赖少其也经常主动与傅抱石接触，和他交流对中国画，尤其是对中国古代的画家和作品的看法。对于赖少其主动和自己接触，傅抱石一开始还是挺拘谨的。但是，通过和赖少其的接触，傅抱石看到赖少其不仅在版画方面造诣很深，对中国传统美术态度也很积极，而且待人诚恳，也渐渐对赖少其敞开心扉。

1950 年 4 月出版的《文代归来》封面

他们经常在一起谈绘画，甚至谈个人经历，谈家事，逐渐成了好朋友。

为了充分发挥傅抱石美术方面的才能，赖少其聘请他担任南京市文联美术部主任。而傅抱石也将自己的精品画作赠送给赖少其，他曾赠给赖少其与曾菲扇面画《湘夫人》，并题："近年颇亲笔墨，得此率奉少其先生、曾菲夫人驱暑之需，并乞俪正。一九五三年夏，弟抱石，金陵记。"后来，赖少其曾提到："解放以后，傅抱石先生给我刻了一个私章，知道他也是学习粤派的。"[1] 傅抱石刻的这方名章"赖少其印"，赖少其不少书画作品中都钤有此印。他们之间的亲密友谊维持了很长时间，即使在赖少其调到上海后，只要回到南京，他都会去看望傅抱石。

1950 年 4 月，赖少其的报告文学著作《文代归来》由上海正风出版社出版。此书是赖少其向解放军文艺干部、社会文艺工作者等传达党中央与政府在文艺工作方面的政策与指导思想的文章汇集。该书收录了 1949 年 8 月赖少其在南京第三野战军文艺干部会上传达第一次全国文代会精神所作发言，以及南京市文联成立大会开幕词，《文艺》创刊词等多篇文章。

赖少其在南京市大力开展文艺活动，其中包括鼓励开展各种演出活动。他在解放战争时期行军打仗时曾写过一个剧本，将他在上饶集中营，在茅家岭监狱的亲身经历写到剧本中。要让没有经历过这段历史的人获得教育，戏剧是最好的形式。没有太多的编排和设计，只是将那些人物名字改了一下，将他的所见所闻用戏剧的形式表现出来，没有夸张和渲染，那些真实的故事就足以让人义愤填膺，催人泪下。赖少其将这个话剧取名为"庄严与丑恶"。1950 年秋，五幕话剧《庄严与丑恶》在南京上演了，并且在社会上引起了强烈的反响。为满足群众的要求，这出戏在南京一再演出，部队更指示所属文工团排演此戏，

[1] 赖少其：《致王贵忱》，1977 年 1 月 8 日。参见洪楚平主编《赖少其书信集》，岭南美术出版社，2005 年，第 10 页。

1956 年 9 月出版的《集中营里的斗争》（原名《庄严与丑恶》）封面

将它作为教育战士的必看教材。

1956 年 9 月，新文艺出版社将话剧《庄严与丑恶》改名为《集中营里的斗争》，出版了单行本。单行本出版后，反响热烈，出版社一再修订再版，多次重印发行。冯雪峰为此书写了热情洋溢的序言，高度评价了此话剧。

海上风云

1952 年 4 月，赖少其离开南京，调到上海担任华东局文委委员、华东文联秘书长、上海文联党组书记兼副主席，负责华东文联和上海文联的筹备工作。9 月，参加了中国文学艺术工作者第二次代表大会和中国作协第二次会员代表大会。1953 年 5 月 29 日，赖少其被中央人民政府政务院任命为上海市政府文化教育委员会委员。10 月，中国美术家协会第一届理事会成立，齐白石任主席，赖少其为理事。1954 年 2 月 12 日，华东美术家协会筹委会召开第一次会议，选出刘开渠和赖少其、丰子恺为正副主任。4 月华东美术家协会在上海正式成立，刘开渠为主席，赖少其为常务副主席兼党组书记，副主席为丰子恺、黄宾虹、米谷。1955 年 2 月，华东美协改称为中国美术家协会上海分会，赖少其仍任副主席。

赖少其在上海开展了众多工作，其中较为重要的就包括上海中国画院的筹建工作。1956 年，中央决定在北京和上海成立国画院，以促进国画事业的发展。1956 年 8 月 3 日，上海中国画院筹备委员会正式成立，赖少其被推选为主任委员，委员有潘天寿、王个簃、谢稚柳、刘海粟、伍蠡甫、吴湖帆、傅抱石、贺天健、陈秋草、唐云、白蕉、汪东、沈尹默，协助筹备工作的中共党员有吕蒙、涂克、富华等。[1] 赖少其在画院的筹建过程中，一方面多方征求意见，聘请极具声望的画家为画院画师，如朱屺瞻、江寒汀、张石园、吴待秋、来楚生、钱瘦铁、沈迈士、

[1] 上海中国画院编：《上海中国画院 1956—2004》，上海人民美术出版社，2004 年，第 61 页。

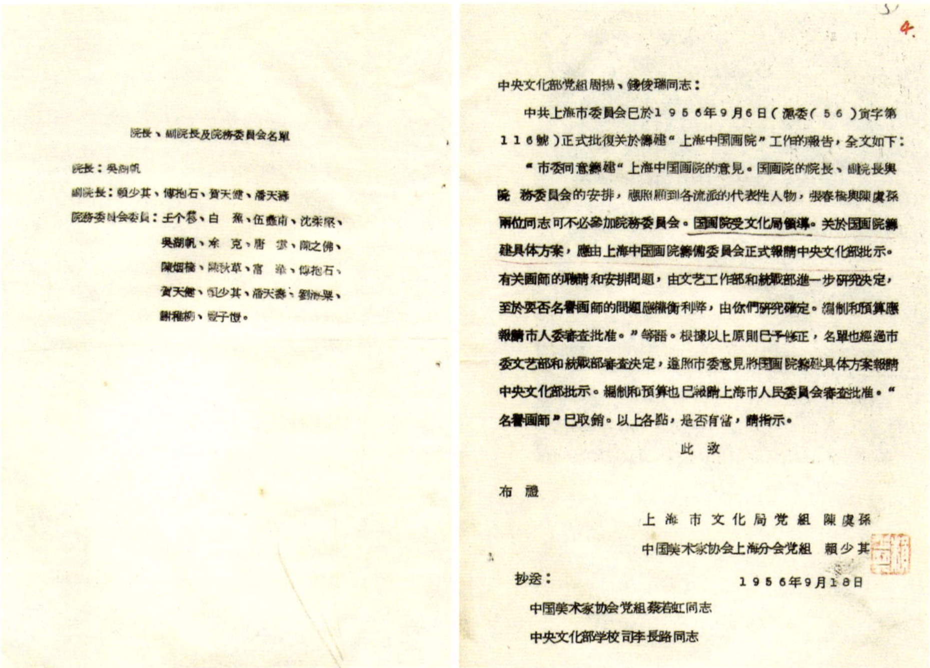

院長、副院長及院務委員会名單

院長：吴湖帆

副院長：賴少其、傅抱石、賀天健、潘天壽

院務委員会委員：王个簃、白　蕉、伍蠡甫、沈柔堅、吴湖帆、涂　克、唐　雲、陳之佛、陳烟橋、陳秋草、富　華、傅抱石、賀天健、賴少其、潘天壽、劉海粟、謝稚柳、豐子愷。

中央文化部党組周揚、錢俊瑞同志：

中共上海市委員会已於1956年9月6日（滬委（56）宣字第116號）正式批復关於籌建"上海中国画院"工作的報告，全文如下：

"市委同意籌建"上海中国画院的意見。国画院的院長、副院長與院務委員会的安排，應照顧到各流派的代表性人物，張春橋與陳虞孫兩位同志可不必参加院務委員会。国画院受文化局領導。关於国画院籌建具体方案，應由上海中国画院籌備委員会正式報請中央文化部批示。有关画師的聘請和安排問題，由文艺工作部和統戰部進一步研究決定，至於要否名譽画師的問題應權衡利弊，由你們研究確定。編制和預算應報請市人委審查批准。"等語。根據以上原則已予修正，名單也經過市委文艺部和統戰部審查決定，遵照市委意見將国画院籌建具体方案報請中央文化部批示。編制和預算也已報請上海市人民委員会審查批准。"名譽画師"已取銷。以上各點，是否有當，請指示。

此致

布禮

上海市文化局党組 陳虞孫

中国美术家协会上海分会党組 賴少其

1956年9月18日

抄送：

中国美术家协会党組蔡若虹同志

中央文化部学校司李長路同志

1956年9月，上海中国画院发布了院长、副院长及院务委员名单草案（转引自《上海中国画院1956—2004》）

郑午昌、邓散木等；另一方面，画院院长人选也是他主要考虑的问题。

在上海众多画家中，经广泛征求意见，认为可作为院长候选人的有两位，一位是贺天健，一位是吴湖帆。两位都深孚众望，无论谁当院长，对上海美术事业的发展都能有所推动。然而，两人因为新中国成立前在教授学生的问题上有过不愉快的事，结果不仅互不来往，即使碰面也互不理睬，这在上海美术界尽人皆知。赖少其到上海后，积极在两位画家之间做工作，二人曾一度放下过去，表示在党的领导下，大家应该团结起来。但是在筹备上海中国画院期间，二人又产生了尖锐的矛盾，甚至发展到当面争吵，成水火不容之势。为了画院的团结工作，赖少其巧妙地在他们之间做了大量思想工作，苦口婆心地进行调解劝说。他的精诚终于打动了两位画家。二人在1957年8月上海美协会议上各自作了自我批评，消除隔阂，站到了一起！这对上海美术界是一件大好事。上海的《新民晚报》也以"贺天健吴湖帆握手言欢"为题报道了这一喜讯。

到了1956年9月，画院发布了院长、副院长、院务委员会以及行政工作人员名单（草案），其中，院长为吴湖帆，副院长是赖少其、傅抱石、贺天健、潘天寿。[1]可惜，之后发生了"檀香扇事件"，与当时席卷全国的"反右派"运动联系在一起，对国画院的筹备产生了不少负面影响与阻碍。经四年蹉跎，上海中国画院才于1960年6月正式成立，此时赖少其已调往安徽工作了。

[1] 上海中国画院编：《上海中国画院1956—2004》，上海人民美术出版社，2004年，第61页。

1956年，赖少其请陈毅市长（戴墨镜者）为“第二届全国国画展”剪彩

上海美协自正常开展活动后，展览越来越多，要求越来越高，而美协却没有属于自己的展厅，每次都要到外面租借场地，效果不甚理想。后来，打听到位于南京西路、成都路口的一栋废弃不用的康乐酒家，位置、环境、室内条件等方面都适合改造成展厅。赖少其察看后也觉得很满意，但打听后，却发现此楼房已隶属上海警备区东海舰队。于是，赖少其多次找到上级有关部门和领导，争取他们的支持和帮助，终于把这栋楼要了下来。经过改造装修，上海美术馆于1956年8月10日正式开馆，并在此举办了“第二届全国国画展”，时任上海市市长的陈毅亲自出席了开幕式并剪彩。

而赖少其与上海美术馆似乎颇有缘分。20世纪80年代初期，已使用了20多年的展览馆已相当破旧，当时在这里举办的阿尔巴尼亚画展就让对方颇不满意。为此上海美协多次报市政府要求拨款修复，等到经费批下来，又碰上国务院严令各地停建楼堂馆所，展馆的修复工作又无法进行。刚好，调离上海已20多年的赖少其到上海举办画展，看到当年由自己一手改建的展厅如今残破不堪，毅然去找市长汪道涵，希望能特殊情况特殊对待。他的诚意打动了市长，市长批示展馆修复工作可继续进行。由于赖少其的热情帮助，上海美术馆又焕然一新了。

从20世纪50年代开始陆续担任华东文联副主席、华东美协副主席（兼党组书记）、上海中国画院筹委会主任等要职，赖少其需要同画家们进行广泛联系，将他们团结在一起，发挥他们的积极作用。这一时期，赖少其因工作关系认识的艺术名家极多，其中就包括黄宾虹、吴湖帆、傅抱石、潘天寿、陈之佛、丰子恺、冯超然、贺天健、刘海粟、林风眠、唐云、王个簃、谢稚柳、朱屺瞻、陆俨少、程十发、陈佩秋、关良、伍蠡甫、钱瘦铁、谢之光、张聿光等。而其中，赖少其最为推崇、对其影响最为深远的当属黄宾虹。

赖少其刚到上海不久，就多次到杭州去拜访黄宾虹，此时黄宾虹已89岁了。

1955 年，赖少其在黄宾虹追悼会上致悼词

他每次去看望老人都带去上海美术界的信息，并以晚辈的身份向老人虚心请教画理和绘画技法，交流创作心得。黄宾虹觉得赖少其和蔼可亲，态度诚恳，在绘画方面也是内行，渐渐与他建立了亲密的感情。黄宾虹一生书画收藏颇丰，见赖少其真诚请教，便主动将自己的画作和自己收藏的历代书画珍品拿出来给赖少其观赏。黄宾虹因白内障严重影响视力，老人又怕动手术，赖少其便极力劝其打消顾虑，早日进行手术，否则以后作画与活动会越来越困难。

1953 年 2 月 28 日，黄宾虹九十寿辰这天，中国美协杭州分会和中央美院华东分院联合为老人举行九十寿辰庆祝会。出席庆祝会的有浙江省党政负责同志及华东、上海文艺界代表。谭启龙和赖少其在会上讲话。赖少其还代表华东行政委员会文化局授予老人“中国人民优秀画家”奖状，这让老人激动万分。

同时，赖少其认为，如果能将黄宾虹一生创作而今尘封在家中的大量精品画作拿出来在上海举办展览，不仅对老人有纪念意义，对社会、对广大艺术爱好者也是一个极好的观摩、学习机会。他的建议得到上海有关领导的支持，也得到老人的首肯。在上海举办一次大型个展，牵涉场地、宣传、布展等诸多工作，也需要大量人力、物力。而赖少其主动为黄宾虹提出建议，又主动承揽了有关展览的全部工作，这让老人深受感动。

1954 年 4 月，华东美协正式成立。由于赖少其的推荐，黄宾虹当选为副主席。1954 年 9 月 20 日，华东美术家协会在上海茂名南路文化俱乐部举办了庆祝黄宾虹九十寿辰的“黄宾虹作品观摩会”，画展共展出其精品 110 件。接受了白内障摘除手术，恢复视力的黄宾虹笑容满面地参加了开幕式，对他在新中国成立后举办的第一个展览深感欣慰。展览结束后，老人将此次展出的全部作品捐赠给了上海市人民政府。上海市政府对老人的爱国行为也给予了高度评价，并奖励了奖金。

为感谢赖少其的关怀和帮助，黄宾虹不但将自己的画作赠给赖少其，还手书

赖少其与唐云(右)

论述国画艺术流派及其优劣的《画学篇》一卷赠给他。对于赖少其，黄宾虹已不仅将他看作意气相投的忘年友人，更是能倾心以对的知己了。

1955 年 3 月 25 日，黄宾虹病逝于杭州。赖少其是治丧委员会中的一员，并在追悼会上致悼词。老人去世后，家属根据其遗愿，将其一生收藏的珍贵书籍、字画、拓本以及自作的书画、手稿等全部捐给了国家。此后，赖少其每次去杭州，必去看望黄夫人。为了感谢赖少其，黄夫人将黄宾虹所画的《雁荡纪游》写生稿送给他。赖少其则将写生稿装订成册，并请潘天寿在卷首题词，这卷画稿成了他珍藏一生的宝贵财富。

同年 12 月，上海人民美术出版社出版了《黄宾虹山水画集》，黄宾虹在生前邀请赖少其为这本画册撰写前言。而赖少其也在前言中高度评价了老人的艺术成就，对他推崇备至。

多年来，赖少其都对黄宾虹极力推崇与宣传。20 世纪 80 年代，他首先倡议成立“黄宾虹研究会”。1986 年，黄宾虹研究会在北京成立，赖少其因身体原因未能参加。到了 1987 年 5 月，研究会在安徽歙县召开第二次会议，赖少其被推举为南方会长。赖少其还为黄宾虹故居的保护以及后来的修复工作多次出面，竭尽心力。

赖少其与唐云也是这一时期开始成为好友的。新中国成立初期，唐云不愿参加政府的活动，只靠卖画和在家中教学度日。后来赖少其与漫画家米谷前往唐云家，动员他参加美协工作。经过多次来往交谈，唐云答应到华东美协工作，担任展览部主任。从此两人建立起亲密的友谊，并维持终生。1956 年 12 月，上海人民美术出版社出版了赖少其的《为了把艺术介绍给人民》，封面的书名由唐云题写。1984 年 12 月，他们在深圳博雅画廊举办了“赖少其、唐云书画作品暨藏画展览”。1985 年 6 月，赖少其收藏的《陈老莲花鸟册》出版，唐云为之题跋。1990 年 9 月，

1980年，赖少其夫妇与林风眠（中）在香港重逢

他们又一起在广东画院举办“赖少其、唐云书画展览”。

赖少其与另一位画坛宗师林风眠也有着非一般的情谊。新中国成立后，由于思想和个性原因，也因为其艺术形式与当时的主流美术格格不入，作为中国画坛曾经的领袖，林风眠一直不受重视，辞职后赋闲在家，以卖画维持生活，日子过得很清苦。赖少其深知林风眠在中国美术界的影响和地位，对林风眠的艺术观点和创作实践也非常尊重。1954年华东美协成立之时，赖少其将林风眠吸收为美协的专业画家。同年，赖少其又以美协的名义推荐林风眠为上海市第一届政协委员，让他能与上海文艺界众多知名人士参与政治协商活动。

1957年，党中央开展整风运动，并号召知识分子大鸣大放。同年5月，上海展开文艺界座谈会，林风眠将会议上的发言整理成《美术界的两个问题》并登于《文汇报》。林风眠在文中指出：“轻工业没有和美术配合起来，没有发挥美术家在工艺美术上的潜力。画家不必限于画檀香扇。”他认为，问题是“领导部门对教育事业没有全面性的规划”，同时，“对学术的研究领导做得太少，对待美术创作问题上一知半解，把社会主义、现实主义的道路看得太狭小”。他觉得，“学术上的问题不允许主观和粗暴，必须提倡广泛的学术研究，才能达到真正的百花艺术”。此文所提到的问题确实是当时国内美术界普遍存在的，观点客观中肯。然而，不过问政治的林风眠对政治有极高的敏锐性，他有一种会因此文而罹祸的预感。后来，《美术》又约请他谈文艺“百花齐放”的看法，他就写了《要认真地做研究工作》，观点与前一篇有了180度大转变。他写道：“今天‘百花齐放、百家争鸣’的英明方针及时地被提出，毛主席谆谆勉励我们，文艺工作者当然欢欣鼓舞，那么就让我们的美术之花在阳光普照的大地上开得更健旺灿烂吧。竭诚地祝大家成功。”之后全国开始“反右派运动”，《美术界的两个问题》成为林风眠“右派”身份的确凿“罪证”，林风眠被划在右派之列，并上报上海市委宣

乡村壁画
20 世纪 50 年代
26 cm×38 cm
木刻版画
广州艺术博物院藏

传部待批。赖少其得悉此事，将林风眠的“右派言论”与《要认真地做研究工作》同时向宣传部报告，并亲自找上海市委宣传部部长石西民。他认为林风眠后一篇文章是对前一篇文章的更正，是有觉悟的表现，不应划成右派。对知识分子，石西民是能保护的都加以保护，便顺水推舟同意赖少其的意见，把林风眠的名字从右派的名单中划去。由于赖少其的保护，林风眠幸运躲过了这场政治灾难。但是，反右斗争刚结束，赖少其就因“立场不稳”，被冠以“右倾”帽子，免去了美协等领导职务，后来被调离上海。

“文革”期间经历了牢狱之灾的林风眠，后获准移居香港。林风眠经常与赖少其保持书信联系。1980年12月在香港举行“赖少其书画展览”时，定居香港的林风眠前来出席开幕式，并与赖少其及夫人曾菲合影留念。1991年惊闻林风眠逝世，赖少其感慨万千，写了《吊林风眠先生》回忆往事，并作诗缅怀：“沪滨曾促膝，不信从此别；依稀浮往想，‘挑菜’服劳役；有朋远方来，壁上留遗泽。‘左风’刮不停，先生进牢狱。往者不可追，思之犹慽慽。”

林风眠与赖少其虽然相处时间不长，但“反右运动”中赖少其对他的保护使林风眠心存感激，两人友谊延续多年。

赖少其在华东期间，工作虽然繁忙，但仍不忘创作。在 20 世纪 50 年代，他创作了多幅套色木刻版画，如《打铁》《码头》《瓜棚》《水车》《农村食堂》《乡村壁画》《乡办工厂》《初夏》等作品，主要反映新农村生活。他在延续新中国成立前自身版画固有特色的同时，风格较以前更趋写实，早期强烈的表现主义手法有所弱化，作品中的人物更接近农民生活、工作、业余活动的真实场景，而与当时流行描绘“高、大、全”人物形象的风格有所不同。

而赖少其的国画创作，也从这一时期开始。他曾在《我的创作道路》中谈道：

农村食堂 20世纪50年代 38 cm×29 cm 木刻版画 合肥赖少其艺术馆藏

我从何着手呢？应该说，我是从临摹陈老莲花卉册着手。当时（1958年）我在上海，购得陈老莲一册花卉画册，我开始了临摹学习，并同时进行创作：一方面我刻了版画《初夏》，另一方面我创作了花卉。这是我从版画过渡到国画的开始。

这里提到的“创作了花卉”，就是1958年赖少其到上海郊区龙华苗圃进行的花卉写生。1956年毛主席在文艺上倡导“百花齐放、百家争鸣”，上海文艺界人士纷纷到基层体验生活，积极进行文艺创作。1958年3月，赖少其与林风眠、关良、陈烟桥等十多位画家到上海东郊区同心农业生产合作社参加劳动，并进行创作。

此时，郭沫若作了百首咏花诗，[1]并出版了诗集。诗集在社会上引起了很大反响，也激起了赖少其的创作热情。木刻方面有刘岘为郭沫若《百花齐放》所作百幅花卉插图，而赖少其则选择了以国画形式来表现百花之态。为此，他请了一个月的创作假期，到龙华苗圃写生，准备创作一百幅花卉，且全用日本绢来画。许多画家听说赖少其准备用日本绢画百幅花卉，都大力支持，有的还将自己珍藏多年的日本绢送给他，以帮助他完成创作。

在朋友们的支持下，赖少其积极创作，三周内已画了70多幅，再多一周即可完成百幅。可此时，中共上海市委书记柯庆施闻知此事，认为赖少其是“逃避劳动”，责令他立即停止创作，回川沙县劳动。赖少其得到指示，十分无奈，只好收拾行李和未完成的画稿，返回川沙。而百幅花卉的创作计划也就此搁浅了，对此事他颇感遗憾。

1979年，赖少其将这批作品示于友人，大家都惊讶不已，称赞他在20多年前已有如此深厚的传统功力。后来，赖少其挑选了其中的40幅出版于1982年的

[1] 郭沫若：《百花齐放》，人民日报出版社，1958年第2次印刷。该版只留有封面刘岘所作睡莲图。此诗集另一版为上海文艺出版社于1959年8月出版，该版附有刘岘所作木刻插图，为每诗（每花）一插图。此诗集实为101首诗，最后一首为《其他一切花》。

左：《花卉册》封面

右：毛地黄
1958 年
25 cm×22 cm
绢本设色
私人藏

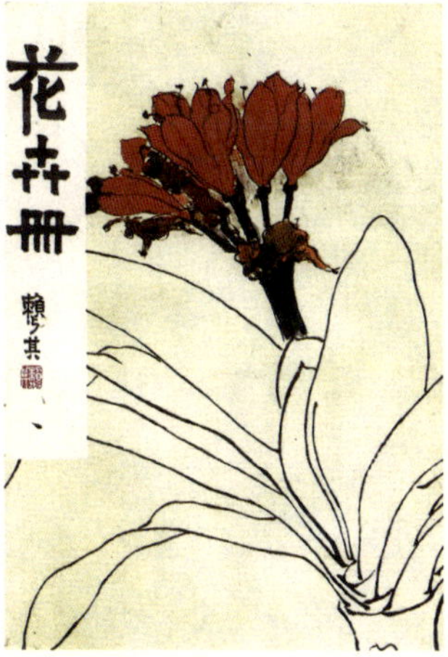

《花卉册》中，赵朴初以《百花令》词为画册作序，以轻松欢快的笔调，对作品进行了热情洋溢的赞扬。赖少其此批花卉作品，在学习陈老莲花卉画技法的基础上，用笔古拙，色彩妍丽，妙趣横生。其中有近似老莲之笔墨，却不受临摹的束缚。同时，他又将当初学习西画时打下的写生基础，运用于创作中，可谓事半功倍。2010 年，这批作品中近 70 幅在广东画院举办的“笔底生花——赖少其花卉写生作品展”中展示并出版。

六 / 擎旗黄山

“新徽派版画”

就在赖少其到安徽云岭参加新四军刚好 20 年之际，1959 年春，他又调到了安徽工作，这仿佛是冥冥中上苍的安排。皖南事变后，他就没回来过，他一直都想回到安徽看看，回到他挥洒过热情，留下过歌声，落下过泪水，埋葬着战友的地方。终于，他又回到熟悉的、亲切的安徽大地。

1959 年 2 月，赖少其调任安徽省委宣传部任副部长，兼任安徽省文联主席、党组书记。他到来之时，正是安徽为装饰人民大会堂安徽厅调兵遣将之时，经过研究，安徽省委决定将这项艰巨的任务交给刚调来的赖少其负责。大家认为，赖少其是各方面造诣颇深的艺术家，由他负责装饰人民大会堂安徽厅的总设计，是最合适的了。

赖少其对安徽艺术状况和发展历史进行调查和研究后，认为安徽厅的布置要突出地方特色，其中最具特色的首推明清时期已享誉全国的徽派版画。为了完成安徽厅的装饰任务，他重点考察了徽州版画的历史和艺术特点。

中国木刻版画的历史有 1200 多年之久。中国传统木刻版画到了明万历年间发展到了巅峰。郑振铎就曾评价：“其创作的成就，既甚高雅，又甚通俗。不仅是文士们案头之物，且也深入人民大众之中，为他们所喜爱……差不多无书不插图，无图不精工。”而其中的支柱正是歙县的徽派木刻。徽州的木刻作品，布局是“雅致而工整的，那线条是细腻而匀称的，小若针尖，大似泼墨山水，刚劲柔和，无施不宜。刚若铁线，柔若游丝”。[1] 徽派木刻可谓是中国传统木刻画顶峰时期最典型的代表，而崇祯末年安徽人胡正言组织刊刻的《十竹斋书画谱》和《十竹斋笺谱》标志着我国古代彩印版画的最高成就。

但是，到了新中国成立后，安徽版画的情况却不尽如人意。1954 年以来共有

[1] 郑振铎：《中国古代木刻画史略》，上海书店出版社，2010 年，第 97 页。

淮海战歌（原名《治淮工地》） 1974 年 107 cm×91 cm 木刻版画 与师松龄、陶天月、张弘、吴班、林之耀合作 广州艺术博物院藏

四届全国版画展览，安徽只有少量作品入选，其中两届甚至连一件入选作品也没有！曾经在明清时期如此辉煌的徽派版画，如今却如此凋零，让人深思。赖少其发现，新中国成立后，安徽版画没有形成一个适宜发展的环境，而版画作者又缺乏革新和开拓精神。同时，他也了解到，安徽有一批不错的版画作者，但是分散全省各地，缺乏交流，没有创作计划，又或者不在美术界工作，无法进行创作。

根据这个情况，赖少其以装饰布置人民大会堂安徽厅的名义，将分散在全省各地的版画骨干调到合肥，成立了版画创作组。他把具有一定创作水平的师松龄、陶天月、张弘、郑震、丁少忠、周芜、易振生、宇夫等人调来，把他们分成两个组。由他和郑震各带一组，分赴安庆、马鞍山、淮北等地体验生活，然后在黄山疗养院进行创作。这些来自全省的青年人都精神抖擞，尤其是能和在全国享有盛名的老版画家赖少其一起创作，更是难得。

这次，赖少其带来一批省美协搜集的明清徽派版画资料，以供大家学习、研究。他要求创作人员认真研究如何能够继承优秀的徽派版画传统，同时进行创作，并要在规定时间内交出草图。赖少其也准备创作以黄山为题材的版画作品。为此，他登上了心仪已久的黄山，饱览黄山景色，并在脑海中形成了《黄山后海》的草图。他要将黄山“四绝”——奇松、怪石、云海、瀑泉尽收其中，展现在世人面前。

之后，赖少其将大家完成的草图集中在一起，由大家共同评选。最终选定四幅草图作为正式创作作品。在正式创作之前，大家又对四幅草图提出修改意见，由作者修改。赖少其再将大家分成四个组，每组负责一幅版画。而赖少其和张弘、师松龄三人负责赖少其设计草图的《黄山后海》。

版画草图既定，各种细部的写生准备工作也已完成，接着就是正式作品的创作了。一般版画作品的规格，最大也不超过 80 厘米。而这次创作的版画，根据安徽厅的高度和墙壁的大小，赖少其所设计的版画高约 2 米，宽近 1 米。创作这么

1964 年 2 月出版的《套版简帖》封面

大的版画作品，别说年轻版画作者们没试过，连赖少其也是第一次尝试。

由于版画是在不同材料的版面上，通过手工刻版印刷而成，因此画面越小越容易操作，越大则越难控制。以前大的作品也就 50 厘米左右，已需要非常小心谨慎。现在印制近两米的版画，则更需要高超的技艺。每印刷一张需要三四个人协作才能完成，稍有不慎，就会前功尽弃。而此次创作的全部是套色版画，每件作品至少有五六块版面，一张作品要在五六块版面上各印一次，有些还不止一次。纸张具有伸缩性，所用颜料都是油彩，每印一次都需要仔细校正位置。一张作品全部印好有时要花十天到半个月的时间，有时还要经过许多次失败才能印出一张令作者们满意的作品。

让作者们特别难以掌握的是色彩。套色版画的色彩一般分水彩、粉彩和油彩。为了增强画面效果，赖少其决定选用最难掌握的油彩，调色就成为技术性最强的工作。在这项工作中，赖少其充分发挥了他驾驭色彩的高超能力，早年他在广州市美西画系就曾系统学习色彩并能熟练掌握。分色版面刻好后，各个创作组都只能依靠赖少其调好颜色才能进行后面的工作。进入印刷阶段后，每天赖少其都一早来到工作室，将每幅作品需要的色彩调好，大家才开始工作。有时赖少其不在，几个青年作者就试着自己调色，结果总是不准或者浓淡不同，这让他们对赖少其更加佩服。

经过一个多月，凝聚作者们大量心血的四幅套色版画终于完成了，它们分别是《黄山后海》《淮北变江南》《旭日东升》《黄山宾馆》。这四幅版画，仅作品的尺寸已是空前的，而那如油画般层次分明的丰富色彩又让人为之一振。更可贵的是，作品不仅继承了徽派版画精雕细镂的线刻，保持其婉约秀丽的风格，并且进行了大胆的创新。作者们在作品中糅入大量不同的块面，使线与面有机融合，用色彩表现强烈的明暗对比，这些都采用了西洋画的表现手法。让人惊叹的是，

海港灯光 1975 年 44.5 cm×62 cm 木刻版画 广州艺术博物院藏

作品中还运用了一些中国画的技法，如山石和水的波纹等。

赖少其他们在黄山疗养院创作的四幅版画作品，加上后来创作的《沸腾的马钢》和《陈村水库》共六幅作品，被装饰在安徽厅内，立即表现出强烈的地方特色，同时，在艺术上焕然一新的徽派版画震动了中国美术界。

《黄山后海》等六幅作品参加了 1961 年全国美展。而在 1962 年“纪念《在延安文艺座谈会上的讲话》发表二十周年全国美术展览”上，《黄山后海》等作品被选入，安徽版画共入选 15 件。这也使安徽一跃跨进了版画大省的行列。

赖少其和这批青年作者以及后来不断壮大的版画家队伍所创作的具有全新面貌的安徽版画，被美术界称为“新徽派版画”，而赖少其则被公认为“新徽派版画的创始人”。

赖少其还搜集了一批明清时期木刻水印装饰画。1964 年 2 月，赖少其将这批明末清初徽州艺人创作镌刻的 42 幅套版简帖版画交由上海人民美术出版社出版，题为“套版简帖”。赖少其在引子中写道：“套版简帖，俗称契纸。上印套色木刻，折叠成简帖，故称套版简帖，为明末清初徽州艺人所创制。以现存者证之：初写于诗笺上，后演变为简帖……”这批套版简帖是难得看见的已失传的艺术珍品，也是研究徽派版画的珍贵资料。

“文革”期间赖少其被罢官，先下放宣城敬亭山，后去蚌埠新马桥等农场劳动。1974 年“罢官闲居”中，赖少其重新找到曾经一同创作的师松龄、陶天月、林之耀等画家，商量再次进行版画创作。此时他们已停止创作几年，都想重拾画笔，

左：黄山后海
1960 年
153 cm×90 cm
木刻版画
与张弘、师松龄合作
广州艺术博物院藏

右：丰收赞歌（原名《大别山下》）
1979 年
109 cm×90 cm
木刻版画
与师松龄、陶天月、林之耀合作
合肥赖少其艺术馆藏

拿起刻刀，重振昔日雄风。

经过商量，他们决定以解放战争，特别是渡江战役为题材，进行新的创作。赖少其求助于他的老上级，当时的交通部部长叶飞，叶部长也大力支持，从上海派了一艘轮船供他们使用。于是，赖少其等四位画家开始了长江沿线共一千多公里的深入生活与写生。回到合肥后，正式进入创作阶段。他们认真构思，各自画出草图，正稿确定后就全情投入制作中。刻制版画是十分费力的体力活，除了用刻刀，有时还要借助锤子雕刻。一天下来，往往累得腰酸背痛。而赖少其此时已年近花甲，体质又弱，艰苦程度难以想象，但他还是乐此不疲。而这次全部作品的油彩调色工作，仍然由赖少其包揽下来。

经过数年的辛劳，他们合作创作出了一批大型套色版画：反映治淮工程的《淮海战歌》、反映淮北煤矿工业基地的《淮海煤城》、反映陈毅元帅率各国外交官上黄山的《陈毅吟诗》、反映皖西农业水利工程的《丰收赞歌》、反映淮南煤矿的《淮河之晨》，以及《百万雄师渡大江》《海港灯光》（赖少其个人创作）等十几幅作品。

这些版画作品以及后来根据安徽省委指示创作的一批套色版画再次布置在安徽厅内。以赖少其为带头人的新徽派版画得到全国同行乃至日本版画界的认可，赖少其使版画这个历史悠久的艺术形式在新的时代焕发出灿烂的光辉。

1980 年 4 月 19 日，在安徽省委支持下，邀请了全国 60 多位版画家到黄山，组织召开并成立“中国版画家协会”。大会推举江丰为名誉主席，李桦为主席，赖少其、力群、王琦、古元、李少言、沈柔坚和彦涵为副主席。1988 年 12 月，

六位著名版画家被授予“中国新兴版画运动特别贡献金奖”及证书。
左起：刘岘、赖少其、李桦、胡一川、力群、张望

日本“日中艺术交流中心” 在中央美术学院举行仪式，对从20世纪30年代鲁迅先生倡导新兴木刻运动开始从事版画创作，并在中国版画事业中做出突出贡献的骨干版画家李桦、赖少其、力群、刘岘、张望、胡一川等六位颁发了“中国新兴版画运动特别贡献金奖”及证书。1991年9月26日，“纪念鲁迅先生诞辰110周年暨中国新兴版画60年颁奖大会”在北京人民大会堂隆重举行，赖少其、李桦和力群等15位中国新兴版画运动的先驱，荣获中国版画“杰出贡献奖”。这些荣誉是对赖少其从事中国新兴木刻运动、从事版画事业取得杰出成就的充分肯定。

发掘民间工艺

在发展徽派版画的同时，赖少其还努力发掘安徽民间传统艺术和工艺品，积极进行恢复工作。

首先是铁画的生产。铁画又称“铁花”，是安徽芜湖著名的传统工艺美术品，明清以来名扬全国。它是用铁片和铁丝锻打焊接成图画，题材有人物、山水、花鸟等，可做成挂屏、挂灯，形式有立体和半立体。由于数十年战乱，民不聊生，铁画作坊破落，铁画艺人也转行了。到新中国成立初期，这一独具特色的民间传统工艺已被湮没，铁画也面临失传的危险。为此，赖少其深入地方，了解了铁画的产生和发展历史。铁画的诞生，是劳动人民与中国文人画家结合的创举。但是铁画艺人并没有因为这项新的艺术种类而改善生活，他们常因温饱无法解决而不得不放弃铁画的制作。加上铁画制作需要一定的绘画基础，打制铁画的特殊手艺又不愿意外传，即使在发源地芜湖，能制作铁画的工匠也越来越少。

20世纪初叶，铁匠出身的储炎庆拜芜湖有名的铁匠“沈胖子”为师学手艺。沈师傅有一手打制铁画的绝活，却秘不宣人，人勤手巧的储炎庆透过楼板缝隙偷偷学到打制铁画的手艺，才使铁画手艺得以传续。但他离开师傅后，战乱频仍，

他精心打制的铁画也无法卖出。他只能担着铁匠炉走街串巷，依靠打制铁器勉强糊口。新中国成立后，储炎庆的生活改善了许多。1956 年，芜湖手工业管理局发出抢救民间传统工艺的号召，他主动请战，要求试制铁画，得到了上级的全力支持和帮助，安排他到条件最好的太阳宫铁业社试制，并为他配备了助手。储炎庆带领徒弟们经过不断地琢磨和锻制，终于打出了第一件铁画屏风《梅兰竹菊》。

为了完成人民大会堂的铁画任务，赖少其将储炎庆和他的徒弟从芜湖请到合肥，专门为他成立了铁画车间。储炎庆见政府如此重视他的技艺，于是干劲十足地在短时间里打出了第一批铁画。但他毕竟是铁匠，又没有绘画的基础，更不懂创作，无法拿出精雅的大制作。赖少其看到第一批铁画后，觉得铁画工匠必须与画家特别是国画家结合，才能制作出好作品。也只有这样，这一优秀的民间传统工艺才能得到发展。

赖少其立即以此为目标开始进行研究，并决定第一幅新铁画的题材是"迎客松"。赖少其将安徽国画家王石岑请来，请他设计并创作适合铁画制作的国画《迎客松》的图样，然后将创作好的《迎客松》交给储炎庆锻打制作。在制作过程中，又请王石岑和储炎庆密切合作、协商，以达到最好的效果。经过他们的精诚合作，日夜奋战，大型铁画《迎客松》终于制作出来。

《迎客松》是一件具有浓郁地方特色和恢宏气派的工艺精品。整件铁画宽 4.5 米，高 2.5 米，是件空前的巨制，仅钢铁就用了 800 公斤，加上画框和配套的屏风架，足有一吨重。其中松针就有一万多根，每根松针还要敲出沟槽，锻出松花，挑出毛刺，还有松球、松枝等，储炎庆师徒们花费的心血与精力可想而知。由于铁的特性，作品显得矫健挺拔，苍郁遒劲，那前倾的枝丫仿佛在欢迎来自四面八方的朋友。传统民间工艺与国画家精湛设计的完美结合，令前来参观的艺术家们羡慕不已，也得到了省委领导的高度赞扬。

铁画《迎客松》 1956 年

铁画《迎客松》屏风作为一件具有浓郁地方特色的工艺精品，摆放在安徽厅的显眼位置，得到了各界人士的赞扬，也受到美术同行的瞩目。周恩来总理看到这幅铁画后，十分欣赏，给予了高度评价，并决定将它摆放在人民大会堂的迎宾厅中。此后，党和国家领导人在这幅《迎客松》下，接待了许许多多的外国领导人和国际友人，并和他们合影留念。铁画《迎客松》已经不仅是安徽的象征，更作为中国的象征享誉全世界。

赖少其对安徽的“三雕”——木雕、石雕和砖雕十分欣赏，也进行了挖掘、恢复和发展工作。

砖雕是中国民间雕刻工艺之一，主要应用在古建筑的装饰上。安徽的徽州砖雕是砖雕的主要流派之一，一般有浮雕、多层雕等。在徽州民间，到处可见古建筑的门楼、门罩、飞檐、柱础、照壁上，精雕细刻着成组的花卉、动物、人物以及亭台楼阁等图案，玲珑剔透，巧夺天工。

当赖少其看见安徽省群艺馆画家张志从徽州拍摄的砖雕照片，兴奋不已，觉得这些具有鲜明地方特色的古代艺术品是安徽民间传统艺术的瑰宝，必须妥善保存，充分发掘，并将它发扬光大。赖少其以人民大会堂安徽厅的装饰工程为契机，到歙县的建筑工程队找了一些会砖雕的工人，从中选了 12 人，请到合肥，成立砖雕创作小组，制作砖雕作品。

赖少其又请了几位画家，按照砖雕的特点绘制了两幅适合砖雕的图画。一幅以动物为主，包括牛羊鸡鸭等家畜，表现农村的兴旺景象，名为“五谷丰登”；另一幅则以古人物为主，表现的是各种戏剧人物，名为“百花齐放”。赖少其将 12 位砖雕工人分成两个组，分别雕刻这两组图画。

装饰安徽厅的砖雕与以往不同的是，作品要比传统的大好几倍，每件作品都由 12 块红砖组成，而每块砖有 1.5 米高，形成一幅巨大的砖雕。当作品完成后，镶嵌在安徽厅的门楼上，古色古香，让人耳目一新，参观者都称赞安徽厅的设计独具匠心。

在安徽合肥、望江、怀宁等地的农村，有一种叫挑花的纺织工艺。这种工艺可在平布或锦缎上组成各种花纹作为服饰、手帕等物品的装饰，朴实耐用又美观大方。但由于工艺复杂，花纹简单，用挑花工艺织成的花布、工艺品在市场上销售不好，造成亏损，当地纺织行业一般不生产，只是偶尔做些样品或展品。

安徽省的张志对这种挑花工艺情有独钟，一直都注意搜集挑花图案。他一边搜集整理，一边研究，不断总结并加以改进，后来由上海人民美术出版社出版了他整理编辑的《合肥挑花》。他的行动得到了赖少其的支持。当赖少其看到《合肥挑花》，不禁赞叹农村劳动妇女的聪明才智与心灵手巧。他热心地和张志一起研究挑花图案，并指出张志的不足。赖少其认为，不能停留在搜集上面，要深入研究并做提炼，要全面熟悉挑花的特点和风格，掌握它的规律，这样才能驾驭民间艺术。

张志根据赖少其的建议，悉心研究与整理，《合肥挑花》后又出版了《巢湖挑花》《望江挑花》和《怀宁民间挑花》等选集。后来，当赖少其看到张志完成了庐阳花布的创新，高兴地撰写了《漫步庐阳花布》一文，对他的工作进行了高度评价。赖少其还积极支持并创造条件，让厂家生产了一批挑花工艺品，并将这些工艺品制成精美的沙发靠垫、窗帘等，布置在安徽厅里。有时还用挑花工艺制成小工艺品送给外宾或他们的夫人，加深友谊的同时，也宣传了安徽的民间工艺。

在赖少其的支持鼓励下，张志锲而不舍地对挑花工艺进行研究与宣传，也使以挑花工艺织成的庐阳花布在市场上大放光彩。1993 年 8 月，在江苏举办的全国纺织品交易会上，安徽生产的庐阳花布深受欢迎，两天时间就签订了 380 多万元的购货合同。赖少其得知后，感慨道：“没有张志三十多年的真功夫、苦功夫，哪会有庐阳花布的诞生呢？”

苦难日子

1964年年初，蓄谋已久的华东话剧会演即将在上海举行。这是一场带有强烈政治气氛的会演。演出前，舆论已在不断强调阶级斗争的重要性。于是，此次会演成了一场敏感的“无产阶级同资产阶级的较量”。

赖少其凭直觉，预感到这次会演非同寻常。因此，安徽省参加这次话剧会演的剧本可谓精挑细选。经过广泛征集剧本，又广泛征求意见，经过省委宣传部讨论，还征得省委分管书记同意，他们挑选了那沙的《毒手》。《毒手》表现抗美援朝时，资本家为获取暴利，采取各种手段拉拢志愿军一位采购科长，购买了大量假药，最后资本家和采购科长都受到惩处。剧本在艺术上较为粗糙，但指导思想是积极的。为使剧本主题更醒目，原本较隐晦的剧名被改成“这里也是战场”。演员们经过严格挑选，政治上可靠，业务上一流，排练也是积极认真。为了万无一失，还同时按照参加会演的水准排练了另一部《在困难的日子里》，作为备用。1964年1月上旬，华东话剧会演开幕了。会演开幕前一天，召开了预备会议。主持会议的正是此时已成为华东局书记的柯庆施。会上，柯庆施问赖少其的戏怎样，赖少其坐得远，一下没听清楚，以为问他身体怎样，就随口答了句：“马马虎虎，还可以。”柯庆施立即板着脸说：“‘还可以’怎么行？搞现代戏，是一场戏剧革命，不能马虎！我告诉你，这次会演，安徽的戏出了问题，你负责！”柯庆施以势压人，赖少其没有进行解释，但他已感觉到，一场暴风雨即将来临。

然而，还没等到《这里也是战场》出演，赖少其就病倒了。几个月来，开会、座谈、动员、服装和道具的设计和制作，几乎每天排练他都亲临现场……他心力交瘁，劳累过度，胃病复发病倒了。赖少其在正式演出前两天，住进了华东医院。

但他仍牵挂着代表团的上百名成员，让代表团秘书柏龙驹转告他的关心和歉意。

1 月 12 日晚上，安徽代表团在上海艺术剧场正式演出话剧《这里也是战场》。演出效果出乎意料的好，剧场气氛热烈，文化部艺术局副局长、著名戏剧家马彦祥称赞演出很好。但到了第二天晚上，演出反应却和前一天截然相反。华东局柯庆施、张春桥等领导没有把戏看完，就中途退场了！为了照顾演员情绪和对观众负责，剧团的领导没有将剧场休息时发生的事情告诉他们：柯庆施、张春桥等领导在休息室对着会演组委会和华东局宣传部领导，对着安徽代表团的领导大发雷霆！当晚深夜 12 点多，华东局宣传部吴部长代表大会秘书处向柏龙驹宣布，根据领导指示，安徽代表团停止演出，马上拆台，所有成员不能回去，听候处理……

第二天，柏龙驹一大早就急忙赶到华东医院，愤愤不平地向赖少其汇报昨晚发生的事情。听完柏龙驹的汇报，赖少其心里很难受，不知道怎么安慰柏龙驹，也不知道该怎么去面对那些无辜的演员。善良的他首先想到的是，要保护好他们。他对柏龙驹和另一位秘书绥明说："现在你们做记录，记下我的意见：第一，立即向省委汇报，请省委指示；第二，抓紧做好剧团演职员的思想工作，明确对他们说，责任不在他们；第三，报告大会秘书处，一切责任由我赖少其承担，我是代表团团长，我向省委和华东局检讨。"柏龙驹和绥明一面记录，看着赖部长忧病交加的样子，一面感到难过和感动。在他俩临走前，赖少其又交代："刚才说的三点，你们马上去办。另外，请代我问候那沙同志，请他注意保重身体，他的身体也不好。我马上写检讨……"

不久，赖少其进行了胃切除手术，接下来的事情他就不能也无法过问了。

《这里也是战场》被勒令停演后，剧团将另一出备演的话剧《在困难的日子里》进行公演，以为能受到上级肯定。谁知，《在困难的日子里》也是同样遭遇，只演出一场就被"枪毙"了。有位演员含泪说了句意味深长的话："我们'在困难的日子里’，遭到了‘毒手’。”

演员准备收拾行李回家，但他们又被告知不能回家。于是，一百多人在上海又住了两个多月，排演了一出新戏。虽然住在豪华酒店，吃着美食，但因为沉重的思想压力，演出结束时，大家都十分憔悴。

在华东话剧会演后，赖少其似乎也交上了厄运，有些事总会受到粗暴的干涉和不公正的对待。

1966年“文革”开始，由于赖少其的知名度和他的特殊经历，也因为他是“阎王殿”（宣传部曾被诬为阎王殿）的成员，在安徽他首当其冲，最早被革命小将揪出来。他与一批领导同志被作为第一批批斗对象，脖子上挂着大黑牌，在全省第一次公开的批斗大会上接受批判。他经常被拉去游街示众，被当作“敌人”由各个学校拉去批斗。不仅他，安徽省文联一些作家、戏剧家都遭到同样的批斗。而著名的黄梅剧演员严凤英更是受到了残酷的迫害。

对赖少其的迫害还在升级。一群造反派闯进他的家，翻箱倒柜，将书籍、资料扔得满地都是。他费心购藏的古董被砸烂，书画作品被抄走，他的画作被撕毁……

赖少其的罪名是：“叛徒”“反革命修正主义分子”“反革命分子”。造反派高喊，活着从上饶集中营出来的都是“叛徒”，都有“自首变节行为”；他出版的《套版简帖》是“为封建地主阶级张目”，甚至说这是为了迎接蒋介石反攻大陆！

每次赖少其从外面回来，曾菲和两个女儿都担心地看他有没有受伤，问他身体感觉如何。赖少其前年胃部才动过手术，身子仍很虚弱，现在又遭到这种非人的待遇，被批斗时要低着头，弯着腰，甚至跪在地上……而每次赖少其回到家里，就几乎不能动弹，身体上与精神上的摧残，使他身心疲惫。他的内心几乎都要窒息了。

不久，赖少其遭到了更猛烈的批斗。平时的他从不与人争执，总是谦和、温文尔雅。但在大是大非面前，他则始终坚持真理。他经常被拉到安徽艺术学校接受批斗，红卫兵要他交代上饶集中营的“叛徒”问题，污蔑他贪生怕死，叛变自首。而赖少其总是据理力争，他在监狱里是同敌人做斗争，那是铁的事实！

在赖少其他们居住的省委大院铺天盖地的大字报中，有一张独持正义，言人所不敢言。这份大字报列举事实，证明赖少其既不是叛徒，也没有反对学习毛主席著作。这份由省委理论刊物《虚与实》的编辑李亚白写的《赖少其热爱毛主席》，就像一阵清风吹进了到处弥漫的妖雾中。而李亚白后来也因此被下放到青阳县，但他从未因此而后悔。

赖少其一家被赶出了省委大院高干楼，搬到大院后面一排简陋的瓦房里住。由于当时这里住着省委书记李葆华、省长黄岩，还有赖少其等一批“黑帮分子”，大家都叫它“黑帮大院”。曾菲也受赖少其的牵连，被关进了“牛棚”。两个女儿也由于父亲而成为“黑七类”，受到歧视。

之后，赖少其被下放到宣城敬亭山茶林场劳动。这是座劳改场，赖少其和宣传部的一批干部来到时，这里的劳改犯已迁走，他们就成了新的“劳改犯”。他们每天除了交代问题，就是做大量的体力劳动。赖少其被分配去拉水。在崎岖的山路上，每天都能看见他瘦弱的身影，拉着装满水的沉重板车，来回好几趟。

1971 年年初，省“革委会”将一百多名查不出问题，一下子又不能“解放”的厅局级干部集中到蚌埠“新马桥五七干校”，一面接受再教育，一面继续审查，赖少其也在其中。干校校长是省委原宣传部部长欧远方，他觉得，这批干部这么长时间都没有查出问题，也就没有问题了，他们迟早要出来工作，但几年来都受到不少冲击，身心俱疲，让他们在这里放松心情、调养身体也比较好。他以毛主席“学校还是要以学为主”的讲话为宗旨，安排大量时间让干校学员进行学习，劳动只占很少部分。学员们在新马桥总算度过了难得的轻松日子。赖少其利用这段时间，不断学习马列著作、书法。以前由于工作太忙没时间练习书法，现在才有空闲在书法领域好好充实自己。

一年后，干校学员经过审查，陆续被“解放”回到省城。赖少其又与魏心一、郭煜中等十多人被送到大蜀山劳动。不久，魏心一他们也落实政策走了，只剩下赖少其和社科院的史学家郭煜中两人。此时连管理人员都回原单位了，他俩已没人管，便各得其所，赖少其写字，偶尔弄篆刻和木刻，郭煜中则继续研究史学。

不久，上级将大蜀山的教育点撤销，赖少其回到了省委的“黑帮大院”。他仍在家里听候处理，他的问题还没有解决。虽然心情压抑，但他从未像现在这么闲适。于是，他正好利用这段时间，进行书画的研习和创作。

与此同时，省“革委会”的“赖少其专案小组”还在对赖少其的问题进行专门的调查。王任之写的材料，证明赖少其在皖南事变被捕后，在临溪监狱里拒绝了敌人的诱降；原中国作协副主席、党组书记冯雪峰在《我被捕关在上饶集中营及出狱经过》的材料中，谈到他和赖少其一起办墙报，并证明赖少其和邵宇是由他给了30元钱帮助他们越狱的；曾任上饶集中营“更新剧团”地下党支部负责人的肖车写的材料，证明是他和方徨协助赖少其和邵宇越狱成功；帮助过赖少其越狱的林秋若，在保释出狱后，辗转到重庆，曾亲自向周恩来汇报了上饶集中营的情况，其中包括赖少其在狱中的表现和越狱情况；甚至在保存下来的皖南特训处敌伪档案中，赖少其的档案里也写着“顽固分子”，押送途中要严加看管。

这一切都足以证明，赖少其一直与敌人英勇斗争，坚贞不屈，他绝不是“叛徒”！通过这次内调外查，赖少其的问题搞清楚了，他终于“解放”了。受牵连的曾菲结束了审查，回到家中。女儿也招工回来，一家人又团聚了。这真是劫

临程邃《山村泊渔船》
1963 年
81 cm×42 cm
纸本水墨
合肥赖少其艺术馆藏

临唐寅《匡庐三峡图》
1962 年
147.7 cm×76.6 cm
纸本水墨
广州艺术博物院藏

临龚贤《千岩竞秀图》
1982 年
141 cm×80 cm
纸本水墨
合肥赖少其艺术馆藏

后余生啊！

着意黄山

赖少其对国画的研习，可以追溯到 20 世纪 50 年代在上海工作时期。由于担任华东美协副主席兼党组书记，因而他有机会与黄宾虹等一大批上海、江浙的国画家接触、交流。

黄宾虹可谓是赖少其学习国画的启蒙老师。赖少其不仅受到黄宾虹的悉心指导，还从他那里接触到大量的古画精品，开始对国画进行临摹、钻研、探索和创作实践。黄宾虹十分强调学习传统，又能正确处理师法传统和师法造化的关系，这对赖少其有很深的影响。

于是，赖少其抱着极大的热忱，大量临习古画。从 1957 年临习陈老莲的花卉册页开始，1962 年花了 4 个月时间临摹唐寅的《匡庐三峡图》和程邃的《深竹幽居》等作品；1964 年春临摹程邃的《山村泊渔船》《独往秋山图》等山水作品；1973 年临摹戴本孝的《山水图》等；1982 年在上海临习金陵八家龚贤（龚半千）的《山居招月图》，金农的《墨梅》《梅花》，程邃的《山居图》等作品；在北京颐和园藻鉴堂又临习龚贤的《千岩竞秀图》《山阳草堂》等大幅山水及“新安画派”梅清的作品一批。

万松图 1977 年 34 cm×94.3 cm 纸本设色 广州艺术博物院藏

赖少其非常喜爱垢道人程邃的作品，反复临摹。程邃作品中沉郁苍古、奔放老练的风格，那“润含春泽，干裂秋风”的笔墨，都让他爱不释手。赖少其在《清流急湍》中题跋：“余用明末程邃法画黄山烟雨。六十年代初，凡能得程氏画则反复临之。谢稚柳同志谓可‘乱真’。”他又在《临程邃山居图》中写道：“明程邃巨匠也，家在岩寺，所写山水，皆得黄山神髓，此帧所写松树与龙须草，特别生动，仿佛如梦游黄山矣。”

1977 年秋，赖少其登上黄山天都峰，之后以山上所观所想画了一幅《万松图》。创作完成后，赖少其将这幅画带到北京，交给新四军时的老战友、时任故宫博物院副院长的彭炎和作家阮波夫妇，请他们将画交给赵朴初，希望他能为此画亲笔题诗。不久，彭炎夫妇拜会了赵朴初，将这幅画交给他，表达了赖少其的愿望。

赵朴初看到赖少其的《万松图》，称赞不已。他看出了赖少其在画中隐含的深刻寓意，于是，在画作中部湖边空白处题了首长诗：

着意画万松，天骄如群龙。千山动鳞甲，万壑酣笙钟。中有一松世莫比，似柳三眠复三起。眠压冬云八表昏，起舞春风亿民喜。喧天爆竹是心声，共助松涛争一鸣。枝抒氛霾光觥觥，骨傲霜雪铁铮铮。为梁为栋才难得，老不图安身许国。日月光华华岳高，愿松长葆参天色。

画作创作时正是“文革”刚结束不久，画面左下那棵倔强向天、不屈不挠的古松，正是象征着三起三落仍不折不挠的邓小平同志。赵朴初的题诗恰好将画中蕴含的深意提升出来，与画作交相辉映，相得益彰！此画在焦墨基础上，略有晕染并着淡色；近看勾勒细致，松姿百态，山峦叠起，远观虚实有度，气势昂然，观之莫不让人钦叹！

幽林隐居
1986 年
96 cm×61 cm
纸本水墨
私人藏

彭炎夫妇将题诗后的《万松图》取回来，视若珍宝，精心装裱后挂在自己家的客厅里，博得许多朋友的称赞。阮波称这件精品是“心灵的画，心声的曲”。赖少其到北京，看到赵朴初已题诗，非常开心。又见老朋友如此珍爱此画，就赠给彭炎、阮波夫妇。而此画也在他们家里挂了 20 年。直到 1997 年，彭炎夫妇才割爱，将珍藏多年的《万松图》捐赠给广州艺术博物院的“赖少其艺术馆”。

赖少其觉得，黄山是个大画院，是山水画家取之不尽的创作源泉。他在《黄山寄寓图》中题曰：“昔之画黄山者，石涛得其性，梅清得其情，渐江得其逸，程邃得其神，黄宾虹家在黄山白岳之间，浸润乡土，况又博雅，成就亦大，岂偶然哉。余非歙人，但寄寓卢州，登黄山得天独厚，亦幸甚至哉。”明末清初，以弘仁（渐江）为代表的“新安画派”和以石涛为首的“黄山画派”常以黄山为题材，虽派内各画家画风不一，各具特色，但皆师法黄山，获得成就。到了近代的黄宾虹，也是“画从黄山出”。赖少其的艺术风格也同样是出自黄山。

为一睹黄山真面目，赖少其攀天都，援西海，观云涛，抚怪石，搜奇峰，觅异松，与黄宾虹一样，成为“黄山山中人”。即使年过花甲，他依然背着画囊，跋山涉水，遍走黄山。他在黄山看到了山水之美，也看到了江山的来之不易。他的“铁打江山图画里，一点一划汗满巾”诗句正是由此而生。

赖少其在画黄山时，不因强调写情而忽略写景，也不因强调表现而轻视再现。他说：“画黄山要注意一个‘大’字和石纹变化的特点。”从“大”处入手，才能显出气势；曲尽“石纹变化的特点”才能体现黄山以及各处山峰的特点，这与古人“远看取其势，近看取其质”是一脉相承的。经过深入观察，他的画笔随着山石变化，不断改变为圆转、方折、中锋、侧笔、斧劈皴、解索皴……一切以反映客观对象的本来面貌进行转移。清凉台是黄山观云海日出的最佳地点，而赖少其有意捕捉清凉台烟雨空蒙的景致，既用枯笔渴墨，又用淡墨烘染，干湿相生，

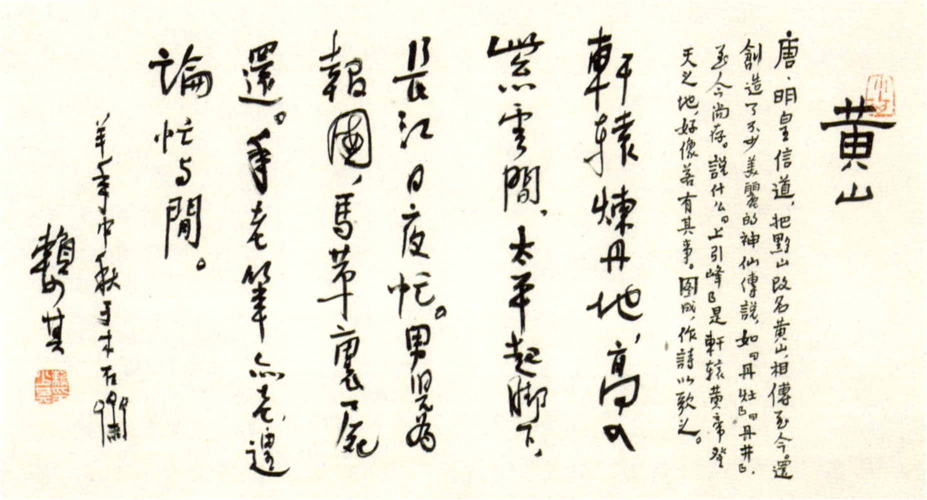

自书诗《黄山》 1991 年 41.5 cm×78 cm 纸本 私人藏

枯润相持，画面极尽苍茫空阔之妙。

正如赖少其画上自题：“我师造化，造化为我”，“古人有此法亦行，古人无此法亦行。法从实践来，法乃实践之总结，人各有法，此谓之历史”，“古人之法多失传，安可不吃乳汁不认娘。莫把糟糠当古董，玩物丧志误青年”。他深知，艺术源于生活又高于生活。作画时为了表现黄山雄伟之美，常采用俯视和散点透视，调动疏密、虚实、起伏、开合等对立统一的因素，形成崇高感。在创作中，“大变小”就难在“小中见大”，难在源于生活又比生活更高更美。

从20世纪70年代末开始，赖少其以黄山为主要题材，进行了大量山水画创作。众多大画、代表作也陆续产生：1980年6月，为黄山风景区管委会创作《黄山之赞》；1980年夏、秋时深入黄山写生，先后创作《有泉万壑响》《秋山积雨晚来凉》《秋山红叶图》《雨后翡翠池》《云来峰转》《黄山万松图》等大画；

1980年12月，为上海市政府西郊宾馆创作《黄山九龙瀑》大画；1982年7月至8月，和夫人曾菲与赵朴初、周而复、费新我赴山东胶东半岛进行访问，创作14幅《芝罘拾贝》山水册页，并作《海疆行》诗记之；1982年12月23日，创作长卷国画《武夷九曲溪》；1983年创作大画《潮阳海门莲花峰》送给汕头地委；1984年4月，应北京钓鱼台国宾馆邀请，作大幅书法题匾《钓鱼台》，并绘制《山中一夜雨》和《双龙瀑》布置于总统套房；1984年在北京创作《熔铸江山》，为光明日报社收藏；1984年6月，为安徽省政协创作大画《皖南春色》；1984年为中国残疾人福利基金会创作国画《云海松涛图》，1984年9月19日，该会理事长邓朴方在香港捐赠答谢宴会中，依据首捐1000万元港币的包玉刚意愿，赠送此大画作为答谢，后布置在香港汇丰银行23层大厅之中；1985年4月创作长卷《泰山图》；1985年夏，创作《鼓浪屿》；1985年8月，应赵朴初邀请去九华山写生，创作大画《九华山》，被文化部定为国家级珍宝，由中国残疾人福利基金会收藏。

1980年创作的一丈二尺巨作《黄山之赞》是赖少其心血和思想的代表作。雄壮的峰峦岭壑，奇幻的松涛云海，山腰间云雾蒸润，烘托出浑厚、壮丽的黄山。赖少其又将诗与画糅合在一起，借助题诗，创造了一个画面上看不到的美妙想象世界。画上题诗曰：

山灵盛宴重别离，玉女巧裁霓翳衣。
翡翠池边歌伴舞，散花坞里酒盈卮。
苍松郁郁张华盖，流水依依苦相随。
蛟帕湿润山花泪，龙旌云载下翠微。

他向一旁观赏的友人解释道：《黄山之赞》就是画黄山土地公公（山神）设

雾中石笋峰
1980 年
69 cm×40.5 cm
纸本水墨
私人藏

天都云吞去
1984 年
33 cm×45 cm
纸本水墨
私人藏

盛宴送别，玉皇大帝要他的女儿（玉女）送行的歌舞场面，用以渲染黄山的美好景色，使人流连忘返，但又带点神秘色彩。赖少其通过诗歌表现了自己的寄托，也帮助观者创造了更为美丽又带神秘感的黄山形象。

而赖少其的画作，即使是小幅作品也十分精妙。1980 年作的《雾中石笋峰》题跋："明末程邃，安徽歙县人，长期住南京清凉山，为徽派印章巨子。见其画，全用极淡焦墨，以少胜多，叹为观止矣。余日夜临之六阅月，恨晚生三百年，不能拜其为师，岂虚言哉？今用其法，写雾中石笋峰，如得神助。"他以程氏干笔焦墨之法，皴擦点染，近处山上松林片片，远处是高耸的几座山峰，零星怪松散落各处，而一小屋则隐约藏于茂密的松林中。画中没有敷以其他色彩，连水色晕染亦极少，却让人一眼便能觉出这是黄山变幻无穷又恬静淡雅的雾中山峰。此作虽不足三平尺，却能小中见大，融入了恢宏的山川美景。而 1984 年所画的《天都云吞去》，在不足两平尺的册页上，层峦叠嶂，形态各异的黄山松远近点缀，而细看近处还有那浓浓徽派建筑特色的马头墙伫立其中。画中留白之处甚多，看似无物，却是水是雾亦是云矣。焦墨的运用在此画中层次分明，浓淡相融，确是佳构。赖少其的山水画，大幅作品气势雄伟，细节突出；而小幅作品则精致清雅，而气势同样不输巨作，可谓千岩万壑尽摄眼底，"咫尺有千里之势"！

赖少其在艺术实践中，创造性地发展了黄山艺术的风格和特点，形成了意境苍茫，色调清新，气势恢宏的国画风格，成为"新黄山画派"的执旗人。

金石掷有声

赖少其从小便喜欢书法。在 13 岁那年，祖父去世，他便用郑板桥书体写了一副对联刻在祖父的坟上。后来真正学习书法后，赖少其才逐渐了解，如果没有隶、楷、行书的扎实基础，就无法写好郑板桥书体；也认识到只从表面追求形似，

临金农墨梅图
1982 年
117 cm×28 cm
纸本水墨
合肥赖少其艺术馆藏

是学不到郑板桥书法的巧妙的。

20 世纪 30 年代，赖少其在广州市美读书时，在与鲁迅先生的通信中，鲁迅给他回信所写的熔铸晋唐、谨严方正的蝇头小楷，极大地激发了他练字的兴趣，并坚持了几十年不间断。他从王羲之、王献之父子开始学，临摹《兰亭序》长达 30 多年。之后转向欧阳询，并学伊秉绶、邓石如，后又醉心于金农。

在赖少其的艺术生涯中，无论是国画还是书法，他似乎都更偏爱传统艺术中古拙、朴实、天真烂漫的作品。他曾刻有一方闲章“仰绶”，以表达自己对陈洪绶（陈老莲）和伊秉绶的崇拜和景仰。对伊秉绶的书法，他情有独钟。伊秉绶是在清朝嘉庆、道光年间大兴北碑、倡学篆隶的风气中，开辟隶书新路并卓有成就的书法大家。赖少其喜欢伊秉绶的隶书字形，坚挺方正，隽美多变，雄厚凝重，具有去尽一切矫饰、返璞归真的风格。正如赖少其的书法风格，不追求一笔一画的雕饰之气，而致力于整体的运思。

赖少其对清代另一位书法大师邓石如也非常欣赏。邓石如是乾嘉年间在篆隶方面取得突出成就的清代碑学巨擘。赖少其对邓石如在篆隶书及篆刻方面取得杰出成就和反对当时的柔媚书风给

自书诗《庆良宵》 1985年 96 cm×44 cm 纸本 私人藏

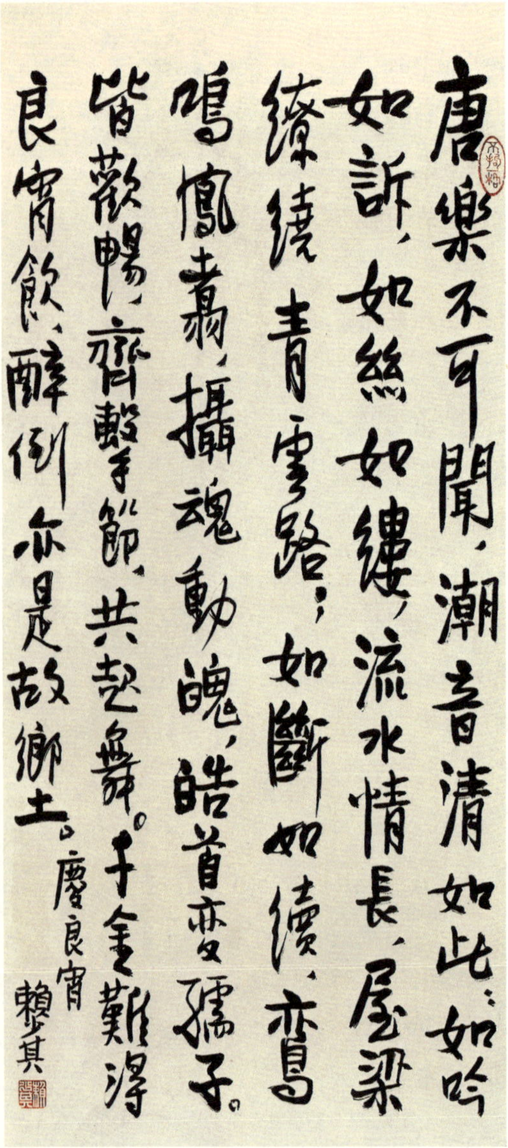

予了高度评价，曾写《论邓石如》一文发表于《书法之友》上。而赖少其自己的书法也颇受邓石如影响。

20 世纪 70 年代，赖少其在书画艺术方面，开始受扬州八怪之一金农（金冬心）的影响。金农是清代书画家、诗人，学问渊博，修养高深。其诗、书、画皆精，格调高雅，构想奇崛。1982 年，赖少其曾临过金农的《墨梅》。一枝主干梅枝以弯曲状从下部一直延伸到顶端，笔力劲挺；用工笔勾勒的梅花则朵朵精到；而画幅左上方则用极具功力的金农体“漆书”题诗，显得清雅秀逸。此作让人不得不赞叹赖少其深得金农之味。

在临习金农画作时，赖少其对金农的漆书产生了浓厚的兴趣。他了解到，金农的老师何义门（何焯）是学王羲之的。金农在44岁前开始学汉隶《西岳华山庙碑》，50岁后才发展形成漆书。金农的字，其黑如漆，故自称“漆书”，但也有用淡墨写的。其漆书，点画破圆为方，横粗直细，与盛行的“王字”婉转藏锋，留得住笔的风格截然不同。

赖少其见到金农的漆书，觉得与自己的意趣极为契合。他以漆书为基础，化入伊秉绶的一些用笔，方笔取劲利，转折处参以圆浑，大至擘窠榜书，小至蝇头真书，都透露出雄厚力感。赖少其的漆书端庄凝重，富有金石味；行

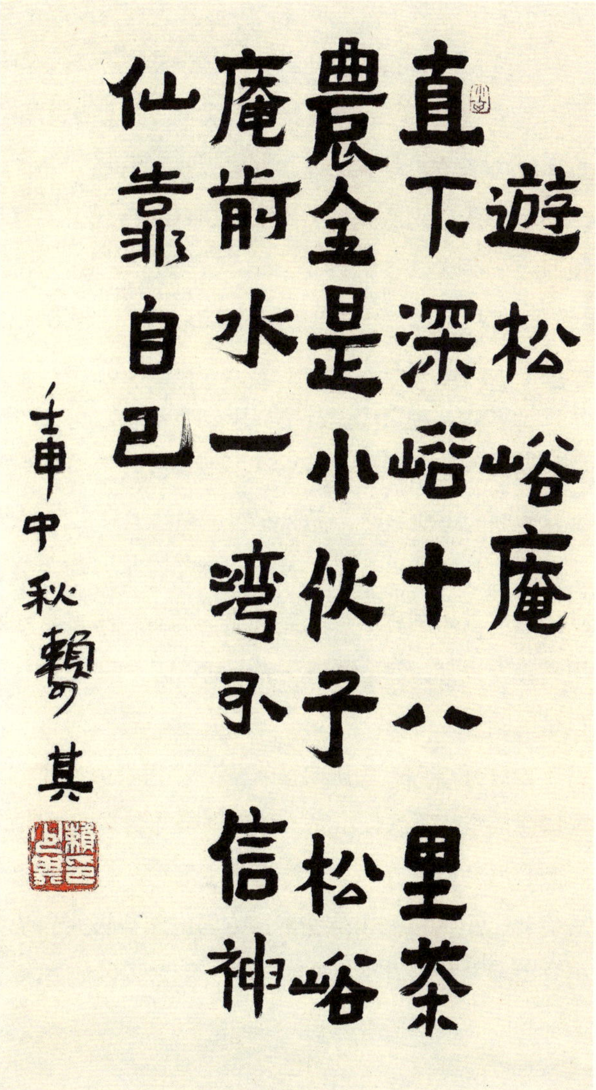

自书诗《游松峪庵》 1992年 126 cm×68.5 cm 纸本 私人藏

草书则流走自然，在风华婉转中显露天真与淳厚，体现拙朴美。

经过长时间的揣摩、研究，赖少其终于形成自己独特的风格。其创造之一，是用笔。金农书写漆书时，将笔尖剪齐，便于书写。赖少其则用“古法胎毫”的长锋笔，刚劲如刀斩斧截，方起圆收，笔笔苍劲，显得拙朴古雅，敦厚庄重，极具韵味。其二，其书在字体结构、章法布局上均有创新。在参差中求整齐，富有强烈的节奏感。

赖少其的画室中有一副铁制的对联：“笔墨顽如铁，金石掷有声”，这正是他探求书法艺术的风格。一笔一字都匠心独运，看似板滞，却又神采飞动。赖少其这种书体，在当代流行书风中别具一格，与众不同，被人称为“赖体”。尽管这种书体在社会各界褒贬不一，但赖少其这种强调个性的对艺术的追求，以及他别开生面的书法风格，仍然受到了书法家和书法爱好者的赞扬。

赖少其的诗作、书法对他的画作起了补充内蕴、增强艺术感染力的作用。同时，他还以木刻和书法功底入印，刻有一千多方印章。而他在画作中对印章的运用又极为讲究，真可谓诗、书、画、印“四绝”！这是他异于其他国画家的地方，也是他的过人之处。

1981 年 5 月，中国书法家第一次代表大会在北京人民大会堂举行，中国书法家协会成立，舒同任主席，赖少其当选为常务理事。同年 11 月，中国书法家协会安徽省分会成立，赖少其被选为主席。1994 年安徽书法家协会授予赖少其最高荣誉奖“邓石如杯”。虽然在书法方面已取得极高的荣誉与成就，但赖少其并不满足，仍努力地在艺术道路上不断前进，不知疲倦地追求。

七 / 梦圆南国

丙寅变法

也许是到了近七十岁的年纪，人都有落叶归根的情结，1985年，年逾古稀的赖少其有了回广东定居的念头。经过反复思量，他向安徽省委递了报告。许多朋友挽留他，他则意味深长地说："我也不舍得你们。但是苏东坡尚有'不辞长作岭南人'，何况是我呢？广东是我的故乡，我也'不妨再作岭南人'……"

安徽省委理解赖少其的心情，与广东省联系后，广东省表示非常欢迎。回广东定居的事就确定了。赖少其离皖赴粤前，作《相见欢》词，写下了"我将乘风归去，折柳揖别。庾岭梅花绽放，香云千里，风清玉洁；回首燕赵，情怀激烈"之句。

1986年2月，赖少其举家迁回广州定居。同年3月，他被增补为第六届全国政协委员。

定居广州的赖少其，有了新的感触。南粤大地地处亚热带，鸟语花香，五彩斑斓，生机盎然；此时又处在改革开放的大潮中，城乡变化很大，高楼大厦如雨后春笋般林立，一片生机勃勃！这里的风情、景致，与黄山、与安徽迥然不同。如果继续用描绘黄山的画法来表现南国风物，显然是不适合的。赖少其觉得，依据时代和地域的变化，要突破自己现有的成就，改变以往的创作习惯，用新的笔墨技法和表现手法来展现南粤风情。因此，他说：

石涛说："艺术随时代"……广州没有黄山，但也是革命名城，风光秀丽，五彩缤纷，有著名的"岭南画派"，又是改革开放的龙头。地处热带滨海，鱼产与花卉是美术的主要品种，不画是可惜的。我早年在广州美专学油画，写生是西画的特点。我特别喜欢印象派的色彩，但中国画却以水墨为主，印象派苏联称"室外光派"是科学的。因此，我很早便在自己的作品注意及此，所谓"丙寅变法"，

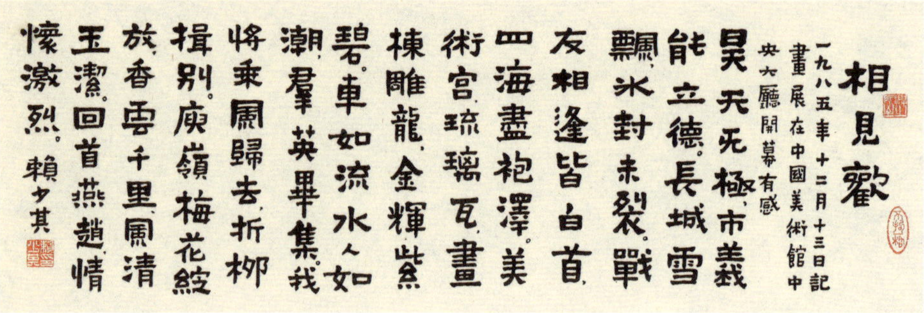

自书诗《相见欢》 1985 年 33 cm×100 cm 纸本 合肥赖少其艺术馆藏

即在中国画基础上更多的吸收西画。为了使人耳目一新，多用“方形”构图。既便利于发挥中国画的特长（南宋马远、夏圭），也便于吸收西画技法。融合中西，这是中国前人已经用之有效的。[1]

于是，就在回广州定居的 1986 年，即农历丙寅年，赖少其开始对自己的国画创作进行改革和创新，并自称为“丙寅变法”。为此，他深入海南岛的热带椰林，醉心于秀丽的端州七星岩，忘情于珠三角的桑堤绿水，深圳、珠海、潮汕、西樵、罗浮、丹霞，广东的山水、渔港、乡村，都留下了他的足迹。除了山水画，色彩斑斓的花卉、热带鱼也成了他笔下常见的题材。鹤顶兰、网纹草、红加多利兰、刺桐、洒金榕这些鲜见于画的幽花异草，也被他精描于画上。

赖少其用满腔热情，挥写出一大批表现南粤山水草木的新画作。这些面目崭新的作品，热烈地展现了他对家乡的热爱，也反映了他对艺术的新追求、新探索、新尝试、新发展。

1986 年，赖少其创作了《合肥秋色》《深圳图书馆》《香港之晨》《万年青与网纹草》《广州花园酒店》等众多作品。同年所作的《孤云与归鸟》是此时期的代表作。他在画作上方极小的空白处，题写了马戴的《落日怅望》：“孤云与归鸟，千里片时间。念我何留滞，辞家久未还。微阳下乔木，远烧入秋山。临水不敢照，恐惊平昔颜。”画面上，渴笔焦墨之感淡化了，色彩与湿墨几乎铺满画面，整体绚烂又趋于宁静，墨韵淡然。林墉就曾对此画赞叹不已：“我惊叹地想一再提提的是那标题《夏》（即《孤云与归鸟》）的山水方幅。这是一幅有重量，有厚度，有手法，有意蕴的佳作……我预言：水、色浑溶将是八十赖少其的风采。

[1] 赖少其：《丙寅变法》（手稿），1986 年 6 月 17 日。转引自洪楚平、赖晓峰、于在海主编《赖少其诗文集》，岭南美术出版社，2005 年，第 235 页。

孤云与归鸟 1986 年 67.7 cm×68 cm 纸本设色 广州艺术博物院藏

昔日的赖少其版画，亦曾有色彩斑斓的特色。如今，这特色又浮现出来，应该说，在自我完善的历程中，技术因素的使用已一步步与内在的蕴含合辙了。”此画后来荣获全国第七届美展“优秀作品奖”。而同年另一件作品《白云山》题跋：“白云山上白云飞，泉落鹿（麓）湖成翡翠。仙游应驾金彩凤，阵雨欲来鸟催归。”此画将白云山至麓湖众多建筑、景观纳入图中，外以绿、黄、蓝、白（留白）等色彩形成氤氲缭绕之云雾、山林与水面，郁郁葱葱，水雾弥漫，将题诗中“成翡翠”与“阵雨欲来”表现得淋漓尽致。那不甚高大的白云山，在赖少其的笔下亦变得苍远幽深。

1987 年 4 月，应中央统战部之邀，赖少其创作大画《黄山松涛》，去古北口长城、承德避暑山庄写生作画；同年还创作了《罗浮山》《洒金榕与老来红》《承德山庄》《白云深处有人家》等。

1988 年 4 月，赖少其应邀为北京钓鱼台国宾馆创作《黄山五百里》；秋，创

白云山 1986 年 67.7 cm×67.4 cm 纸本设色 广州艺术博物院藏

作长卷国画《桃花源》；11 月，为北京钓鱼台国宾馆创作《崇山峻德之图》；12 月 23 日，创作长卷国画《园林之胜》（钓鱼台）。

1989 年 7 月，赖少其创作长卷《银湖图卷》（深圳）；同年还创作了《金缕银装》《梦笔生花》《大朴浑然》《忆西海门观潮》等。1990 年创作了《大阪百合》《石斛兰》等作品。1991 年创作《岭南花似锦》《黄山白杜鹃》《黄山之梦》《海棠》《鼓浪而来》等。

1992 年创作了《黄山之春》《古北口》《渡口》《观落日》等作品。同年创作的《百丈泉》，赖少其以自作诗题曰：“虎啸龙吟泉击石，天昏地暗雷塞庭。山静风横频入梦，天马纵横醉酩酊。”此画以方形构图，山石的勾勒与皴法均能看出传统绘画的笔墨与书法线条，但用色上参以西法，部分色彩使用了西画颜料，色墨浓重、浑厚，与中间大量的留白形成了鲜明的对比。此作与“丙寅变法”初期作品相比，扑面而来的是更为强烈的西画风格。

百丈泉 1992年 82 cm×76 cm 纸本设色 合肥赖少其艺术馆藏

香港之晨 1986 年 47 cm×75 cm 纸本设色 私人藏

1993 年，赖少其创作了《杭州西湖》《云水交融》《月光如水水如天》《泉清石鸣琴》《岭南花开红艳艳》等画作。1994 年创作了《白杜鹃》《花篮》《欧阳修诗意 · 宿云梦馆》等。1995 年，创作了《比利时令箭风梨》《一点浩然气》《夕阳山外山》等作品。

“丙寅变法”后的作品，在技法上，赖少其采用融合中西画的表现手法，以中国画的线条为基础，吸收西画印象派的颜色、光影于其中；用随意散淡的行笔，丰润酣畅的水墨，鲜艳饱满的色彩，来表现他画中的景物。在形式上，为了适合城市居住的条件和特点，他将原来在安徽时的条幅、长方块形式，改成方块或近似方形的，不用轴，改用镜框，画的构图也随之变化。

除了南粤大地的新环境、新氛围带给赖少其的刺激，在 1980 年后的十多年间他陆续赴海外各国交流、展览、参观，对他也有不小的影响。徜徉在美国、法国等各大美术馆、博物馆中，他有机会近距离接触西方艺术名作；加之与海外艺术家进行交流探讨，对他的创作思想有着强烈的冲击与启发。印象派的作品一直深深吸引着他，他曾说：“我特别喜欢印象派的色彩。”赖少其将这种影响印象主义画家笔下光影、色彩的理念，融入“丙寅变法”后的山水、花鸟作品中，尤其是色彩方面，在他“八十后”的山水、花鸟作品中运用得更为极致。

他还记得，黄宾虹曾刻有“蝶居士”一印，其寓意是借蝴蝶的生长规律来比喻自己艺术成长的艰难。赖少其的变法，正是进入了这样的境界。其实，从 20 世纪 30 年代开始，赖少其的美术创作就是一个不断变化的过程。他在古人之法中，

岭南花似锦 1991 年 188 cm×142 cm 纸本设色 合肥赖少其艺术馆藏

左: 鼓浪而来
1991 年
47 cm×36 cm
纸本设色
合肥赖少其艺术馆藏

右: 洒金榕与老来红
1987 年
40 cm×30 cm
纸本设色
广州艺术博物院藏

几进几出，就像成蝶前的几番蜕变，是他勇于学习，勇于借鉴，又不断创新的“变法”精神的体现。

关于赖少其“丙寅变法”的成败得失，专家学者与画界同仁见仁见智，甚至持相反看法的也大有人在。但是，赖少其能在 70 岁后，毅然改变过去已得到美术界定评和赞扬的画风，创造全新的艺术面貌，这是敢于对中国画革新的一种难能可贵的气魄，也是中国画发展过程中值得钦佩的探索与贡献！

誉满中外

赖少其在国内外举行展览，进行文化交流的同时，也在各地吸收更多的艺术精华与灵感。

1980 年 9 月 21 日上午，由中国美协安徽分会、安徽省书画院、安徽省博物馆联合主办的“赖少其书画展览”在安徽省博物馆开幕，这是赖少其从事美术工作 50 年来的第一次个人展览。安徽省领导万里、黄岩、张恺帆等出席了开幕式。这位曾经的木刻版画家，在年逾花甲之时将其卓然于世的书画新作，展现在安徽人民的面前。10 月 21 日至 11 月 5 日，由江苏省美协、安徽省美协主办，在南京江苏省美术馆举行“赖少其书画展览”，江苏省省长惠浴宇、南京市市长储江等省市领导出席。

11 月，应日本书道联盟邀请，以中国书协筹委会成员的名义，由团长舒同率领的中国书法家代表团包括赖少其在内一行六人访问日本。在此之前，日本书道联盟已经七次访问中国，他们这次是代表中国书法界对日本回访。赖少其将几把纸扇作为礼物带到日本。他在扇的一面题写书法，另一面作中国画。日本东道主以能得到一把赖少其的扇子而感到荣幸。日本原议长得到一把赖少其画的纸扇，高兴地用中国话高呼：“日中友好万岁！”

1983 年 3 月，赖少其（左一）与广东省原省委书记李坚真（左三）、关山月（左二）等合影

12 月 11 日，赖少其和夫人曾菲应香港九龙狮子会邀请赴港访问，在丽晶酒店举办“赖少其书画展览”，林风眠、赵少昂等出席了展览。赖少其三幅大画《黄山之赞》《黄山秋色》和《雨后翡翠池》分别以 22 万元、18 万元和 17 万元共 57 万元港币被竞购。画款 90% 分别赠予香港慈善事业的香港眼库和中国报告文学研究会基金，画款 10% 则作为稿酬，赖少其将自己所得全部用来购买丰田轿车和复印机，赠送给安徽省文联以改善工作条件和发展文艺事业。

1980 年 12 月 26 日至 1981 年 1 月 6 日，由上海市美协和安徽省美协主办，在上海美术馆举行了“赖少其书画展览”，陈国栋、汪道涵、夏征农、陈沂、杨凯、刘海粟、唐云、王个簃、曹简楼等政界、书画界人士参加了开幕式。1981 年 1 月 11 日，由浙江省美协和安徽省美协主办，在杭州市文化会堂举办了“赖少其书画展览”，浙江省省长李丰平，省委书记薛驹，以及王家扬、陈安羽、唐云等出席了开幕式。3 月 12 日至 24 日，由广东省美协和安徽省美协主办，在广州市文化公园举办“赖少其书画展览”，广东省领导梁灵光、李坚真、吴南生、杨应彬和画家关山月、黎雄才等出席了开幕式。

1982 年 11 月 12 日，由湖南省美协和安徽省美协主办，在长沙市岳麓山白鹤泉展览厅举办“赖少其书画展览”。12 月 17 日至 27 日，由福建省美协和安徽省美协主办，在福州市西湖美术馆举办“赖少其书画展览”。

1983 年 1 月 17 日至 31 日，在厦门市群众艺术馆举办“赖少其书画展览”，陆自奋、贺敏学、曾鸣等出席开幕式。其间创作了丈二匹大幅国画《海上明珠》赠送给厦门市政府，并书《海赋》篇。2 月 18 日至 27 日，在广东省汕头市中山公园举办“赖少其书画展览”，汕头地委、市委、市政府领导及著名画家刘昌潮、王兰若等出席了开幕式。3 月 9 日至 28 日，广东画院举办“赖少其新作观摩展”，任仲夷、梁灵光、李坚真、吴南生等领导出席了开幕式。

赖少其夫妇与李嘉诚（左二）、南洋银行董事长庄世平（右一）畅谈乡情

同年 11 月，赖少其和夫人曾菲应邀赴泰国进行文化交流，参加庆祝泰国潮州会馆成立 45 周年、第三届世界潮团联谊会活动。由泰国中华总商会、潮州会馆暨十县同乡会等 21 个侨社团体发起，11 月 20 日至 26 日在曼谷京华银行十一楼展览大厅举办了大型“赖少其书画展览”。开幕式当天，泰国副总理汶庭·通沙越主持了揭幕仪式。而参加开幕式的有公主、国会上下议长、元帅、上将、华僧大师等和中国驻泰代办、侨领等上千人。这是中泰建交后中国画家第一次在泰国举办画展，其隆重程度绝非一般。赖少其在泰国还意外地与分别了 50 多年的姑母的儿子——表弟张仲元相见，欣喜万分。当年赖少其在泥沟乡避难时，与表弟朝夕相处，亲如同胞。后来，赖少其一家迁居陆丰新田后，就再也没有联系了。没想到半个世纪后，他们竟在异国他乡重逢。见到表弟，赖少其又想起当年疼爱自己如慈母般的姑母，一股感激之情涌上心头。感慨之余，作《曼谷感怀》诗一首，并写成条幅赠给表弟，以纪念姑母：

玉液未醉惊相见，悲喜交集谁家院？
姑母教我读诗书，精忠报国是好汉。
血染沙场马嘶嘶，扭断铁笼重开战。
宝刀削发做彩笔，画出江山红艳艳。

泰国画展后回国途经香港，潮汕同乡的长江实业集团董事长李嘉诚和南洋银行董事长庄世平热情招待了赖少其，畅谈乡情。

1984 年 1 月，赖少其应邀在香港大学、香港中文大学举行《我创作道路的摸索》演讲。其间与潮汕老乡、国学大师饶宗颐相互切磋书画艺术，作精品山水《天都赋》赠给饶老：“余是黄山客，常作黄山图。云来山雨覆，日出地吐朱。墨酣夹风雨，

1990 年 7 月，在日本大阪举办展览，左起：于在海、会长阪本精造及女儿、赖少其、曾菲、社长手岛健、翻译高雅珍

彩笔画天都。图成神鬼泣，白岳竞狂呼！呼嗟乎，余生八万九千岁，始信高士巨眼识沉浮。旧作天都赋，选堂先生法家教正，一九八四年一月于香港嘉辉台。”后在澳门举行《谈美术创作》讲学。1984 年 12 月 12 日至 1985 年 1 月 15 日，深圳博雅画廊举办了“赖少其、唐云书画作品暨藏画展览”。

1985 年 4 月至 5 月，为纪念日本书道教育学会成立 35 周年，赖少其和夫人曾菲应邀赴日本参加纪念活动。这次邀请赖少其在日本举办展览，是该会书法教育的重要活动之一。“赖少其书画近作展”在日本东京银座松坂屋举办，中国驻日大使宋之光和日本外务省、文部科学省次官等出席了展览。《书学》杂志出版了《赖少其专号》及《图录》画册；日本《书道美术新闻》也发表了评论文章。而为了办好此次展览，书道教育学会出版了三份专刊，印了四种规格不同的海报，这种严谨细致的工作令赖少其十分感叹。

同年 12 月 1 日至 25 日，中国美术家协会、安徽省政协和省美协在北京中国美术馆中央大厅举办“赖少其书画展览”，展出作品 120 件。陈丕显、彭冲、王兆国、李一氓、黄镇、张爱萍、洪学智、陈昊苏、赵朴初、韩念龙、李耀文及书画界人士吴作人、李桦、黄胄、刘开渠等上千人出席。中国美术馆收藏了赖少其《张家界》《九华极顶》等 6 件作品。

1986 年 1 月，天津市和安徽省的政协、美协联合主办，在天津美术馆举办“赖少其书画展览”，倪志福、李瑞环等天津市领导出席。

1987 年 11 月 30 日至 12 月 10 日，广州市文化局和市美术家协会主办，在文化公园隆重举办“赖少其书画展览”，省市主要领导任仲夷、林若、吴南生、朱森林和黄镇、邵宇、王家扬等出席，后来中共中央领导胡乔木从深圳专程赶来参观。这是赖少其回广州定居，进行“丙寅变法”后的第一次展览。熟悉赖少其的广东观众，这次看见的是迥异于过去的表现手法，反映南粤山水景物的全新作品。

伊在灯火栏杆处 1990 年 24.5 cm×19 cm 金笺设色 私人藏

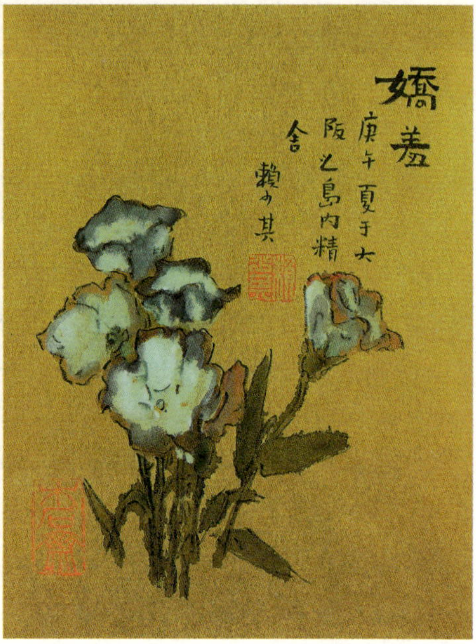

娇羞 1990 年 32 cm×24 cm 金笺设色 私人藏

1988 年 7 月 2 日至 23 日，应香港中华文化促进中心邀请，赖少其和曾菲、于在海赴港进行文化交流，在该中心举办“赖少其书画展览”，并做了《我的创作道路》学术演讲，出版《赖少其书画展》画册。香港中银集团热情接待，新华社香港分社领导会见，并参加了文艺界和工商界的多项活动。

1990 年 6 月，应日本友人、大阪天际株式会社会长阪本精造的邀请，赖少其与曾菲、于在海，以民间方式第三次赴日访问。主人阪本精造亲自驾车陪赖少其他们前往参观大阪国际“花的万博”（即“国际花卉博览”）。主人还陪伴他们参观游览日本各地名胜，如大阪城、伊势神宫、鸟羽、富士山、箱根、日光、京都、琵琶湖等。由于展场原因，“赖少其书画展览”此前已于 4 月在大阪和京都先后展出。赖少其来后，在 7 月 20 日至 22 日于大阪市天满桥 OMM 大厦二楼展览厅再次展览，展出作品 60 件。展览开幕当天，大阪府常务副知事中川和雄，中国驻大阪总领事千昌奎，日本著名书法家、日中友好协会副会长梅舒适，知名人士小西甚右卫门等日本友好人士、侨领、朋友、留学生数百人参观了画展。

同年 9 月 15 日至 10 月 7 日，香港翰墨轩有限公司于台北翰墨轩画廊举办“赖少其书画展”。9 月 28 日至 10 月 5 日，广州市政协诗书画室、上海市政协华厦画苑等单位于广东画院举办“赖少其、唐云书画展览”。1991 年 8 月，香港艺苑画廊举办“赖少其书画展”。

为发展中美友谊和进行艺术交流，应美洲中华艺术研究会副会长瞿谷量先生邀请，1991 年 11 月 20 日赖少其和曾菲、于在海赴美进行文化访问。“赖少其书画展”

1992 年 10 月，赖少其赴法国参加“巴黎中国城”剪彩，并参观罗浮宫

于 12 月 9 日至 1992 年 1 月 4 日，在纽约美洲中华艺术研究会的画廊和美国文良（WENDER）画廊同时举行，并出版了《赖少其书画集》。在纽约中美画廊同时为同一个中国画家举办画展，这是头一次。中国驻联合国代表李道豫、王光亚，中国驻纽约总领事张伟超、副总领事宋有明及侨领，旅美艺术家、收藏家，知名人士及港、台朋友数百人参加了开幕式。

在纽约期间，赖少其应王己千先生邀请，到他家中观赏其收藏的中国古代书画艺术精品。赖少其又应著名抽象水彩画家程及先生的邀请，到其家中观看程及的水彩画，并兴致勃勃地了解其水彩画泼水、上色、加线条的创作过程。还应纽约大学分校的邀请，前往该校访问，受到美国师生热烈欢迎。校长非常尊重和喜欢中国书法，赖少其应邀为该校写了校训“大学：给你机会与鞭策”。

12 月 27 日，应中国驻美国大使朱启桢邀请，赖少其夫妇前往华盛顿。朱大使在官邸设宴欢迎赖少其夫妇访美，感谢他为促进中美文化交流做出的贡献。赖少其还专程去博物馆参观张大千画展。在美国两个月时间里，赖少其参观了纽约大都会博物馆、美国现代艺术博物馆、洛杉矶哈默艺术博物馆、GETTY 博物馆、汉庭顿博物馆、旧金山金门公园艺术宫等地方，虽然身体衰弱，行动不便，但仍流连忘返，乐此不疲。

1992 年 10 月 8 日至 31 日，应香港粤海企业集团、法国“巴黎中国城”和友丰书店邀请，赖少其和曾菲、于在海赴法国进行访问和文化交流。10 月 10 日，赖少其以中国著名艺术家的身份，与中国驻法大使、法国文化部和巴黎市政府的官员、法中各界代表，一同参加“巴黎中国城”开业的剪彩活动。到法国后，赖少其突然发病，经《欧洲时报》董事杨咏菊请医生精心治疗，10 多天后病情才有所好转，但行动乏力，便借助轮椅到各处参观。赖少其兴奋地参观了世界艺术宝库——罗浮宫。之后他又参观了毕加索博物馆、罗丹博物馆，也参观了奥赛博物馆、

1994 年 5 月 16 日，在广州东方宾馆举办隆重庆祝活动。左起：广东省原省长梁灵光，时任省委副书记、广州市委书记高祀仁，曾菲，赖少其，时任省长朱森林，原省长刘田夫

凡尔赛宫。赖少其来到巴黎，受到潮汕侨民的热情接待。侨领许葵先生不仅安排潮汕乡亲与赖少其会面，共叙乡情，还亲自陪同赖少其参观蓬皮杜国家文化艺术中心、凯旋门、埃菲尔铁塔、巴黎圣母院等巴黎著名景点。赖少其还受到中国旅法画家和美术界的欢迎，应邀到浙江美院在巴黎的“艺术创作室”，参观学生们的绘画作品，还与旅法画家吕霞光先生交流艺术心得。

1994 年 5 月 16 日，广东省和广州市政府、文艺部门及汕尾市、普宁市等 10 家单位，联合举办了“庆贺赖少其同志从艺 60 周年暨 80 寿辰、赖少其与曾菲伉俪金婚系列纪念活动”；在广东画院举办了“赖少其书画回顾展”，并在东方宾馆举办“赖少其从艺 60 周年研讨会”以及大型庆贺晚宴。李鹏、刘华清、谢非、王光英、张震、巴金、任建新、刘忠德、曹禺、胡启立、曾志、李跃文、邵华泽、陈昊苏、毛岸青、邵华、王光美、蔡若虹、吴作人、李桦、王琦、饶宗颐、廖静文、沈鹏等党和国家领导人、文艺界人士，以及广东、安徽、上海市的领导和朋友纷纷发贺电、题字，并赠送书画作品祝贺。

9 月 27 日至 10 月 3 日，安徽省委、省政府、省政协及省文联等单位联合举办系列活动：在安徽省博物馆举办 “赖少其书画回顾展”，颁发国画《黄山白岳人家》的收藏证书，卢荣景、傅锡寿、史钧杰等省主要领导及文艺界上千人士参加了活动。安徽省政协、省委宣传部、省文联在省委礼堂举办“赖少其作品研讨会”，省委副书记方兆祥主持，省文艺界人士 200 多人参加。安徽省政协书画社、安徽饭店联合举办“书画界欢迎艺术大师赖少其同志从艺 60 周年联谊会”。省文化厅在稻香楼宾馆举办欢迎座谈会。

1995 年 10 月 11 日至 21 日，中共上海市委宣传部、上海市文化局主办，市文联、

1995 年原中共广东省委第一书记任仲夷（左）参加“赖少其捐赠书画作品展开幕式暨赖少其捐赠书画作品交接仪式”并致贺

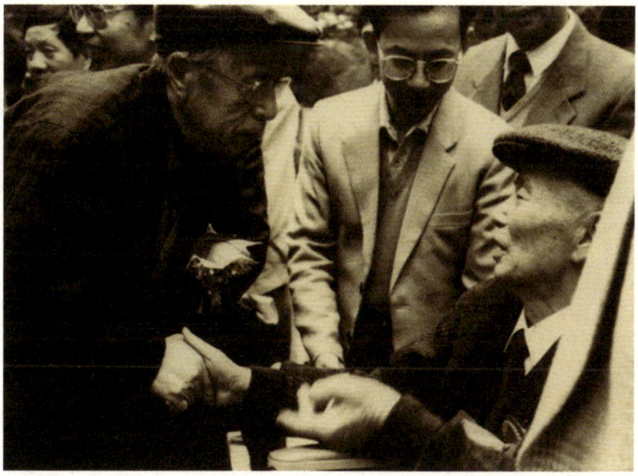

市美协、上海中国画院协办，上海美术馆承办的“赖少其书画回顾展”开幕，赖少其夫妇和陈至立、金炳华、龚学平、胡立教、王一平、夏征农、陈沂及文艺界人士程十发、方增先等数百人出席。市委副书记陈至立以及曾菲讲话，并召开专题研讨会。赖少其赠送给美术馆山水画和书法作品，后参观鲁迅纪念馆，观看 20 世纪 30 年代寄给鲁迅先生的木刻作品。

十多年来，赖少其在国内外多次举行书画展览，可谓享誉海内外。赖少其的艺术成就是国家宝贵的精神财富，也为国内外人民所分享。值得特书一笔的是，每次出访艺术交流或举办展览，赖少其都挤出时间写生、作画、赋诗作书，留下了一批珍贵的诗书画作品。

生命不息

1995 年 12 月 15 日，红墙绿瓦的越秀山广州美术馆内外，人头涌动，热闹非凡。“赖少其捐赠书画作品展开幕式暨赖少其捐赠书画作品交接仪式”正在这里举行。原中共广东省委第一书记任仲夷、省市领导林若、王宗春、高祀仁、张汉青、黄浩、黎子流、邬梦兆、朱小丹等，以及艺术界知名人士关山月、莫伯治、黄笃维、郭绍纲、潘鹤等先后到场致贺。朱森林省长因公务繁忙，提早于 9 时赶到美术馆，认真观赏了展厅中的作品，又与赖少其及其家人握手闲谈，之后才赶赴另一项公务。

上午 10 时许，交接仪式正式开始。市政府秘书长陈纪萱主持仪式，市委副书记、市政协主席邬梦兆作了热情洋溢的讲话。他对赖老和曾菲及其家人表示衷心感谢和祝贺。赖少其此次慷慨捐赠的刚在上海举行展览的作品 89 件共 236 幅（页），将全部收藏在兴建中的广州艺术博物院“赖少其艺术馆”。早在 1989 年，赖少其就率先提出将自己的书画力作捐赠给广州市，这对广州市社会主义精神文明的建设意义深远。在捐赠仪式上，赖少其与曾菲郑重地将捐赠作品清单交给了广州市

黄山之梦 1991年 76 cm×84 cm 纸本设色 合肥赖少其艺术馆藏

委书记高祀仁，高祀仁代表市委、市政府回送了感谢状，市委常委、宣传部部长朱小丹代表市政府赠送了玉雕龙船，副市长姚蓉宾向赖少其颁发了收藏证。

对于广州、对于国家的文化艺术事业的发展，赖少其就是这么热心与无私地奉献。

20世纪90年代之后，赖少其的身体每况愈下。许多画家80岁后仍身体健朗，能走能画，但赖少其办不到了。作为早年投身革命的老战士，他经历了太多磨难，这些磨难已深深地损伤了他的身体，身体一年不如一年。1989年，他就被医生诊断出患有帕金森氏综合征，吞咽困难，生活不能自理。到了1997年年初，又因病危住进了广州珠江医院。经过医护人员的全力医治，以及家人的细心护理，也由于赖少其的乐观天性，总算渡过了这次难关。

待病情稍有好转，赖少其又要画画。医生和夫人劝阻不住，只好从家里给他拿来画画材料。他便倚靠着病房的一张书桌，整天沉浸在绘画世界里。他在画黄山！虽然回到广州定居，可他的心却已留在了黄山。1991年，他就曾以“丙寅变法”的技法画了张《黄山之梦》，在右下角钤印“黄山烟雨入梦来”。画上又题诗：“老

书法《生命不息》 1999 年 41 cm×152 cm 纸本 合肥赖少其艺术馆藏

夫归故里，日日梦黄山。梦中写来苦，笔笔汗湿衫。”

当年，赖少其在黄山攀天梯、爬险峰，“搜尽奇峰打草稿”。现在在病房里，他闭上眼睛，脑海里便满是千变万化的黄山。他画了一张又一张。然而，他又感到十分吃力。不是才思枯竭，而是精力不济。他那因肌肉痉挛而变形的左手，手臂常常硬如铁石，苦不堪言；他的神志，也是时而清醒，时而模糊。有时画了很久，口中还含着没能吞下的苦药。画得时间长了，甚至抓不住笔。他还感到全身乏力，有时无法坐稳，要有人在后面扶着他，才能勉强把画画完。然而，就是在这样的状态下，一根根硬拙的线条仍源源不断地从他笔下流出，一幅幅作品就这样诞生了。半年下来，他居然画了 80 多幅画。1998 年年初，广东画院领导王玉珏和汤小铭等人来看望赖少其，趁便观赏了这批在病房里创作的作品。几位领导不禁赞叹，感动地说：“赖老是用心灵在画呀！” 他们决定，在赖老寿辰之日，要为他办新作展。

于是，1998 年 5 月 16 日，“赖少其八十后新作展”在装修一新的广东画院隆重开幕了。这天，84 岁的赖少其心潮澎湃，坐在轮椅上，被推到展厅中央，人们尽情地向他表示祝贺。老人很想和大家谈谈他创作时的技法和思考，很想表达内心的激动与感谢，然而，他却什么也说不了。而展厅中那 80 多幅精彩的作品，正是他的代言人，他的画作正展示着他深邃的人生境界和炉火纯青的艺术成就。

这批作品，画纸大多是预先裁好，所以画作大小一致，约二尺见方。画面内容，除了他钟爱的黄山，大多是他身边与脑海中的物象：山石、流泉、树木、花卉、红薯、瓜果……这一切，都无言地抒写着老人的希冀与寄托。

“赖少其八十后新作展”结束后，赖少其仍旧被病魔折磨着。由于喉头肌变得僵硬，吞咽异常困难，他已经不能咽下一口水了，身体极度虚弱，又先后被送入了珠江医院和南方医院。1998 年 8 月开始，需要通过插入鼻孔的导管将营养液

书法《战斗不已》 1999 年 41 cm×152 cm 纸本 合肥赖少其艺术馆藏

注入胃部以维持生命。

他不能行动，也无法说话，一切都需要别人护理。但是，他还能依靠画画、写字表达他的思想和感情。他忍着身体上的巨大痛楚，努力舒展自己几乎僵硬的手臂，饱蘸浓墨，写了多幅大字。其中一幅是《生命不息》，一幅是《战斗不已》。这两幅贯注了这位垂危老人生命余晖的书法，都无法简单归结为老人的即兴之作。这是赖少其向生命极限发出的挑战宣言！是热爱生命的艺术家和诗人向世界发出的呐喊！

赖少其还要画画，只要神智稍微清醒，精神稍好，他就要画画。有时病房里没有绘画的对象，就让护理人员推着轮椅送他到室外去写生创作。

创作的场面是常人难以想象的。此时的他，已经不能口头表达，只能用手指着颜料，助手则根据他的指示将颜料挤在调色板上，他调好色，将颜料蘸在画笔上进行创作。此时他的绘画已经不能分先后，也无法分先后了。有时候，一些颜料重复涂在画上，甚至把画纸捅破。

如果无法外出，那他只能在病房里，或坐在轮椅上，支一块约两尺见方的纤维板；或坐在沙发上，俯身于大茶几上作画。他的左手无法扶着画板，执笔的右手也不能挥洒自如，只能以他深厚的功力，勉强地，又随心而发地驾驭着手中的画笔。

赖老还通过书法直抒胸臆，“言为心声”对于已无法说话的他更加重要。他在这时所写的，常是“精忠报国”“九九归一”“一以贯之”“众志成城”“表里如一”“锲而不舍”这样的语句，反映着他此时的思想与精神状态。他八十后的书法作品，已将朴拙、古雅甚至是大巧若拙发挥到极致，那如童稚所写的书法，看似不规整，布局却极完备，字体也不再受拘束，韵味与趣味十足。

就是在这种身体和精神状态下，在不到一年的时间里，他又创作了 80 余幅画和近百幅书法作品。1999 年 5 月 21 日，“赖少其近作展览”在越秀山的广州美术馆开幕，展出了他 80 岁后所创作的 66 幅书画作品，并且庆祝他的生日。省领导和美术界人士出席了开幕式。当鼻孔插着输液导管，左手变形地从内向外弯曲的赖少其坐在轮椅上，由原广东省委第一书记任仲夷推到展厅门前时，人群中爆发出热烈的掌声。

人们在赖老作品中受到的感动与震撼，不仅仅是因为那娴熟的技巧与独特的创意，更因为在这些作品中，凝聚了一位垂暮老人生命夕照所散发出来的灿烂辉煌的余晖！

赖少其 80 岁后的画作，几乎都是在病中完成的，许多作品都没有明确的主题，题跋也越来越少。就一般观者而言，画作所传达的信息并不容易理解。李伟铭在《挑战极限——赖少其的晚年

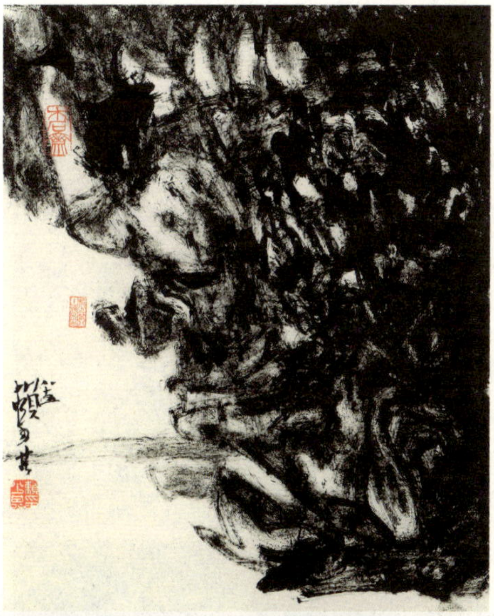

上：焦墨山水 1999 年 59 cm×49 cm 纸本水墨
私人藏
下：白云山夏日室内 80 岁后所作 64.1 cm×61.9 cm
纸本设色 广州艺术博物院藏

上：山水（一）1997年 41.5 cm×39 cm 纸本水墨 私人藏
下：设色山水 80岁后所作 50.5 cm×41.2 cm 纸本设色 广州艺术博物院藏

画艺》中曾谈道：

> 在他开放的图式中，似乎处处充积着峻险奇奥的障碍，于是，稔熟于心的新安派山水皴法程式，在这里被棱角峻劲的方框符号解构了；在一些花草写生中，虽然笔触线条仍然谨慎地担当着描写客体轮廓、体积的功能，但在数量上占绝对多数的描述心象梦幻之景的作品中，笔触线条则宛若游魂无踪的精灵，它们失去了自由流畅之感，却以艰难的蠕动以及反复无常的重迭错位，交织成灿烂而复归于质朴的图画，生动地再现了生命的辉煌。[1]

在赖少其80岁后所作的山水画中，有他谙熟于心的黄山题材，如《黄山始信峰》《黄山之春》等，也有《松涛园》《梅园》，甚至有《白

[1] 李伟铭：《挑战极限——赖少其的晚年画艺》，载《美术》2001年第2期，第42页。

花卉
1997 年
44 cm×44.5 cm
纸本水墨
私人藏

云山夏日室内》《焦墨山水》这样不同于以往的作品。在作品《山水（一）》中，程邃与戴本孝式的渴笔焦墨依然厚重有力，但是传统的山水画构图几乎消失，皴法被削弱，线条中透着书法的刚劲；画面上依稀能辨认出由近及远层次丰富的山景，近山山顶的棱角，远山的峭壁，不甚明朗的画面带着黑白木刻的独特意味。而另一幅《设色山水》，较以往的山水画更趋于抽象，人们几乎看不出任何具体的物象。或许可以视为高山深涧，线条与块体形成怪石与悬壁，溪水淙淙；颜色与笔触的细微变化让人似乎可以看出溪水深浅、缓急的不同，而山石与溪流相互嵌入的构图，也有别于传统国画。

除了“如梦似幻”的山水画，花卉也是赖老作品中的常见母题。亲友们探望时所送的花篮、花束就成了他最好的写生对象。这些作品中，有些以线条或淡色为主，如《百合》《花卉》等，与 80 岁前的花卉作品一脉相承。其中，《花卉》以白描为主，线条老辣苍劲而飞白极多，花卉根茎处以焦墨点染，对比强烈，画面古拙。

而有些花卉作品则带有强烈的西画色彩，较之“丙寅变法”时期，更加浓烈与奔放。如《邓小平同志您好》，鲜花设色艳丽而厚重，其轮廓形态与色彩已无法清晰辨认，但老辣的线条，点缀其中如花蕊般的明艳色彩，都使画面充满了强烈的视觉冲击效果。画的下方写了长跋文，但只能约略看清“这是广州市政府党支部送给我的花篮……赖少其于病中”。这是因为花篮送来时，赖老刚刚得知邓小平逝世的消息，于是画了这束鲜花以表达自己的哀思。那密密麻麻却无法辨认的文字，正是老人强压内心悲痛的体现，也是他病中常常无法控制画笔的表现。在《花卉》图中，鲜花的形态已经被完全简化，花枝以书法线条描绘，花朵以团状色块出现，颜色鲜艳明快，充满了活力四射的情感。

除此之外，还能看到赖老许多抽象的画作，或以如虫蚀木般的传统线条在画

邓小平同志您好 1997 年 59 cm×42 cm
纸本设色 广州艺术博物院藏

花卉 1997 年 62 cm×49 cm
纸本设色 合肥赖少其艺术馆藏

面上肆意挥洒，或以大面积的色块、墨块将画面几乎堆满。如《无题（一）》的画面就被大面积的墨色与褐色、深蓝色所充斥，中间以白、绿、黄等色彩流洒其间，看不出任何真实中的景象，却给人以强烈的不安、躁动与刺激，观众能感受到老人在创作时难以抑制的亢奋状态。而《无题（二）》中，赖老又以类似剪影或者木刻的阴刻法，在大范围的黑色中留出白色的线条、点或者无以名状的体形，再点画上藤黄、赭石等色，这趋于宁静又似乎饱含哲理的作品显然与其他作品的构图、风格有所不同，而厚拙又透着空灵的画面又渗透着与以往作品不一样的精神内涵。

赖少其晚年的这些画作，已不再是传统意义上的国画，而是融合西画色彩和构图、木刻艺术、传统笔墨与书法线条，形成强烈个人风格的作品。李伟铭分析道：

（赖少其）更多的作品，则杂糅了版刻艺术、书法碑学、传统山水画和西

无题（一） 81岁后作 41 cm×41.5 cm 纸本设色 私人藏

方现代主义绘画的经验。在这里，绝对看不到哗众取宠的炫耀，或任何故作安分守己的陈腔滥调。这个比喻也许不妥当——赖少其晚年之作就像一只密封容器，填充其中的表面上看来无法相容的各种知识、经验，在一个高度的精神压力之下产生了微妙的质变：各种视觉元素之间存在的美学上的排他性，被成功地消除了；在线条与墨彩、写实与抽象，甚至重浊与轻清、此在与彼在之间呈现的是前所未有的亲和感。它以强悍的形式张力和独立自存的风格力量，显示了一个与死神正面搏斗的强者不屈不挠的斗志，和一个真诚的现代中国画艺术殉道者孤高慎独的境界，在他开拓的这块神奇而充满艰险的领地上，没有同路人，但不能不承认，这是赖少其生命的奇迹，也是赖少其对当代中国绘画美学了不起的贡献。[1]

赖少其在最后的岁月里仍然坚持创作，给予人们的既有震撼更有满满的感动。由于帕金森氏综合征带来的种种痛楚，晚年的赖老作画时已力不从心，无法像其他健朗的画家那样肆意挥舞自己的画笔，也不能完全表达自己的艺术思考。他在这种状态下进行创作，与其说他是在用他的一只手画，倒不如说他是在用他的心

[1] 李伟铭：《挑战极限——赖少其的晚年画艺》，载《美术》2001年第2期，第42页。

无题（二） 81岁后所作 41 cm×41.5 cm 纸本设色 私人藏

灵作画！这批不期然而然的作品，造就了中国现代艺术的奇迹。

2000年9月24日，身患重病已无法行动和说话的赖少其，仍然坚持坐着轮椅，和夫人曾菲参加了广州艺术博物院及赖少其艺术馆的揭幕仪式。国家文物局局长张文彬，广州市领导黄华华、林树森、朱小丹等亲切慰问，并对他的无私奉献和杰出成就表示敬佩。

同年11月28日清晨4时10分，赖少其在广州珠江医院逝世，享年85岁。12月14日，广州市举行了隆重的“赖少其遗体告别仪式”，省市领导和文艺界上千人士参加，他的遗体在广州火化。党和国家领导人，广东省、安徽省、广州市政府，中共中央国家机关和各地方政府、文艺单位、美术院校等，许多老同志、文艺界知名人士，国内外生前好友等，都以送花圈、唁电、唁函等形式表示悼念。

赖少其走了，走完了他坎坷又光辉的一生。他那高尚的品格，不屈的精神，坚忍的意志，以及在艺术上的不断追求，不断创新，都给人们留下了宝贵的财富。而他用心灵、用生命去描绘的最后华章，也使其不愧为用生命谱写艺术之花的中国近现代绘画大师。

赖少其不朽！赖少其艺术精神永辉！

临陈老莲《竹鸟图》 1987 年 44 cm×45 cm 纸本设色 广州艺术博物院藏

八 / 少其艺论

赖少其在大学时代已经开始进行艺术创作，并发表诗文、出版书籍，展现自己在文艺方面的才华。对于艺术创作的许多方面，赖少其都有不少独特见解。他在实践中逐渐总结经验，同时在诗文、作品的题跋中表达自己的思想与艺术观点。其中，在国画师法传统与自然，注重创新方面，以及书法学习、创作等方面都有不少真知灼见。

1988 年在香港举行的《我的创作道路》演讲中，赖少其就强调艺术实践的重要性：

我在领导国画家创作期间，也积累了不少失败的教训，当然也有成功的经验。我只能是一个“旁观者”，缺乏创作国画的实践经验。“实践出真知”，没有国画创作的实践经验，谈不到有“真知”。这点，对我的教训很深，有不少美术理论家就是缺乏这种“实践的真知”，往往不能说到“问题”的点上。

师法传统与自然

对于国画创作，赖少其十分注重临摹与写生。他认为，既要尊重传统也要师法自然，两者缺一不可。他在《临陈老莲竹鸟图》中题跋：

临画目的是为创作，把临摹当创作与骗子何异？空论学传统，自己又不临摹，岂不也是骗子？自己不知道什么叫传统，但否定传统，这种青年岂不太狂？把一切传统当宝贝，结果害人不浅；只临摹不到大自然中去写生，容易走入邪路；只叫多少次上黄山，画了黄山便自称黄山画派，这等人不可相信。余学花鸟以陈老莲为师，先是临摹，同时写生；但不受老师限制，并坚信能超过老师。这也是为人师者最希望于青年者。

黄山写意
1981 年
68 cm×46 cm
纸本水墨
合肥赖少其艺术馆藏

而他在另一幅临摹陈老莲的作品中再次写道：

老莲之画，一点一划皆从生活中来，可谓观察入微，生活为其原形，经夸张，使美者更美。所以能多阅古人之法者，其画品必高。以此观之，自古以来，凡有创新者，必来之于生活，何以名家之作往往能高于生活者，参酌古法，得以提高。有人说老莲画法，能合古心，余以为不是从古人之法而得之，而是从生活出发，方能达古人之心，岂可颠倒也哉？老莲画既能超出生活又合古心者，何耶？初看不像，实则比像更难；又有人说：老莲画富有装饰美，此人各不同，各个民族也有不同者。吾人从农民画中往往能见此种朴素美，老莲之画既高于生活而不失为有个性之作者，此中华民族之精英所系也。[1]

除了临摹，写生这一环节也不能有所忽视。赖少其说："写山水，要看真山水，写花卉，要学会写生。能写生才能反映生活，不反映生活便是死路一条。会写生，临摹不难，必须向古人学，向同代人学，向民间学，向青年学。青年不学传统，这是缺点，但胆子大，勇于创新。"[2]

他在《黄山写意》中写道："黄山是大画院，人在黄山，左顾右盼，无不是图画，阴晴雨雪，无不成诗，岂诗人墨客故乡哉？贺天健曾断言，黄山每一片石可成立一画派，此语极当。学黄宾老画，鲜有成功者，学黄宾法必能成功，细察黄山一木一石，一丘一壑，无不是宾老之法，此法与传统同，皆从自然中来也。"他以黄宾虹"师法自然"的方法，作为自己画黄山之法的借鉴：

[1] 赖少其：《题陈老莲花鸟画》，1992 年 7 月 21 日。转引自洪楚平、赖晓峰、于在海主编《赖少其诗文集》，岭南美术出版社，2005 年，第 38 页。

[2] 赖少其：《丙寅变法》（手稿），1986 年 6 月 17 日。转引自洪楚平、赖晓峰、于在海主编《赖少其诗文集》，岭南美术出版社，2005 年，第 235 页。

黄宾虹先生家在“黄山白岳”之间，他的画法主要出之黄山，因此研究黄宾虹先生如何反映黄山实在有必要。即学习他如何“师法自然”；但黄宾虹的画并不等于黄山，比自然更高，因此使我知道应该“自然为我”，即自然应服从我的创作的需要。“师法自然”与“自然为我”都提出了必须学习传统。我一面临摹古人作品，一面对景写生，逐渐使创作与学习相结合……[1]

在山水画创作方面，赖少其分析了南北画派表现方法的不同：由于南方气候和北方气候不同，山石结构不同，以及树木藤萝布局不同等，才形成强烈的南北气势风韵的对比。因此，他对不同的风物予以不同的表现方法。正如他说：“我在‘取景’时，常常是找寻那些适合上述画师所常采取的一山一水，不是见什么画什么；而是找像那一位大画家所表现的，作为对象来作画。其结果，不仅能够发挥那一派画法的特长，而且更容易像那一派了。比如说：我画《渔亭》（在齐云山），山像北派山水，我便参照了北派山水画家的画法画之；我画《绿阴深处》，因为像王蒙《青卞隐居图》，我便吸收了元朝人的画法；我画《黄山之赞》，吸收了黄宾虹的一些布局……”[2]

赖少其一面临摹古人作品，一面对景写生，使学习与创作相结合，逐渐形成了自己独特的风格。

变法与创新

在临摹与写生的基础上，如何创作并有所创新，是重点与难点所在。赖少其

[1] 赖少其：《我在山水画创作上的摸索（大纲）》。转引自洪楚平、赖晓峰、于在海主编《赖少其诗文集》，岭南美术出版社，2005 年，第 303 页。

[2] 赖少其：《点滴体会》（手稿），1980 年 11 月 15 日。转引自洪楚平、赖晓峰、于在海主编《赖少其诗文集》，岭南美术出版社，2005 年，第 200 页。

在《点滴体会》中提到：

观察自然（生活体验）、学习传统（包括临摹）、创作实践，三者是互为因果的。如观察了自然，就会提高对传统的认识，更感到学习传统的重要。创作实践是对观察自然和学习传统的一种考察，是否深入？是否有成效？是否有创新？成功的画家，既可以使人从画面中感到生活的强烈气息，笔笔都从传统来；但这还不够，却应使人感到这是创新，而不是抄袭，“画面扑人”，一片清新，而不是“照片”，“似是非是”但“却应如此”才好，这才是艺术。

赖少其曾在1984年所作《黄山图》上题跋：“余以黄宾虹画法，参西方印象派法画，使中西结合。只有不怀成见，始能创新。”可见此时他已有了结合传统国画与西方画法的创新尝试。到1986年开始“丙寅变法”时，他在题材、形式、用色、用笔和构图等各方面，都对自己的绘画风格进行了重大的改革和创新。

对于自己在古稀之年才开始变法，他认为：

广东是改革开放先走一步的地方，高楼大厦有如春笋一般林立，农村也变了，怎么办？有一些好心的人劝我不要搞什么“变法”，已经七十多岁了，还提什么“变法”？我已回到老家，家乡变了，我的画也应该变。我戏称“丙寅变法”（1987年为丙寅年），[1] 实际上，我已在福建、山东、汕头用写生方法反映这些地方的山水；我再向前发展，反映家乡现实，这完全是可能的。

如何变？画法要变，我以中国画的线条为基础，吸收西画印象派的颜色；我在安徽经常把画装裱成轴，画是长方块，我开始变为方块，然后变为“横幅”，

[1] 丙寅年应为1986年，此处为赖少其笔误。

不用轴，而是用镜框，这就使我不仅画法要变，构图也要变。特别是花卉，我画得多了，又重新临摹陈老莲，做了新的尝试。我还用不中不西，又中又西的方法，画了黄山春、夏、秋、冬，为了加重画的内涵，我在画中加了诗。春是送别，夏是黄昏，冬是大雪（强调要登攀），只有秋，没有题诗……

我认为，我们不仅应向古人学习，也应该向同代人学习，向全世界的同行学习，向民间学习，向青年学习，只要自己的立场站得正，就不怕向别人学习。学习的结果，应该是使得中国画更加丰富、更加美。[1]

“丙寅变法”中的种种尝试，也让赖少其承受了不少压力与质疑。“变法”听着时髦，却极具风险。去熟就生，本来就是一着险棋。赖少其敢于“衰年变法”，有着充分的思想准备，也具备了一定条件。如果说，环境的改变，是他变法的外部诱因，那一贯求变则是他变法的真正内因。赖少其曾说：

我已经作好思想准备，会有人说它不像中国画，这没有关系，只要人们承认这是中国人画的画就行了。要革新，当然会引起争论，如果我现在画的和过去一样，又叫什么“变法”呢？有人说“变法”可能会“变坏”，不如不变好。但我认为：不好就再变，不变只有死路一条。

融碑化帖

赖少其自小喜欢书法，但直到20世纪50年代才开始正式临摹与创作。对于书法，他有着自己偏好的书法家与看法：

[1] 赖少其：《我的创作道路》，载《美术》2001年2月，第40页。

中国书法，东晋是一个突破时期，清初也是一个突破时期。东晋因王羲之的字体而突出篆隶的限制，更为流畅和变幻多端；但清初的突破，倒是突破了王字的柔媚无生气，由于学碑盛行，好像又返回到魏晋六朝以前的时期——这是否定之否定吧？这个时期的书法大家有郑谷口、邓石如、伊秉绶、郑板桥，尤其是金农的书体，其实是东晋的真书，很接近欧阳询的字体；我经过了长期学习金农的漆书以后，发现金农也是从“兰亭”起家的，它的结体是学习兰亭的，不过比兰亭略长，和欧阳询却很相似；它的用笔，如写隶书，但有时也用篆，这一点也和欧阳询相似；颜真卿的字是从兰亭出来的，但比较端庄，直划粗、横划细。金农也从兰亭出来，但与颜真卿不同，是直划细，横划粗；其实道理相同，但我们都被他骗过了。金农也用中锋，但更多是“刷”字，刷笔才有飞白，转折时用中锋，我称之为“卧笔”，也无不可？因我学过伊秉绶，伊是学颜字的，所以，有时也有伊秉绶的影响存在；我因为喜爱邓石如，所以有时也受邓的影响。我是以兰亭为基础的，因此行书尚有兰亭的痕迹，但由于我写金农漆书，有碑的气息，自然行书便与兰亭不同了。我的经验是：先学一种字体，几十年如一日的学；但应同时博览百家，才能吸收各家所长。漫漫长途，不知老之将至。学无止境，书无止境，如此而已矣。[1]

对于学习书法之人经常出现的问题，他认为：

要使书法队伍健康地向前发展，一是临帖，写字不临帖，是空谈学传统；现在我们的缺点是，写字的人越来越多，但认真地、刻苦地向传统学习的人很少很少。结果是什么情况呢？一是“千人一面”，没有个人风格；二是开始好像进步

[1] 赖少其：《点滴体会》（手稿），1980年11月15日。转引自洪楚平、赖晓峰、于在海主编《赖少其诗文集》，岭南美术出版社，2005年，第200页。

快，一开始就“龙飞凤舞”，不肯好好下功夫，结果，既骗人又害己，叫做“欲速则不达”。[1]

赖少其在书法实践中，逐渐总结出自己的经验：

我从实践中感到：碑与帖各有优点，可以互相补充。当然，每个书家，可以选择自己所喜爱的字体，加以发挥和创造，取其所长，弃其所短。董其昌对王字——行书做了总结：“婉转藏锋，留得笔住”，认为这是书家相传秘诀。但金农“漆书”却反其道而行之，既不“婉转”也不“藏锋”；王字强调用笔应中锋，但金农字却用偏锋。行书贵有行云流水之妙，以屋漏痕为自然极微；但摩崖石刻，那种磅礴之气，就不能以“屋漏痕”来比拟了。

我年已七十，感到学书还在开始。回顾所走的道路，也是曲折的。但是，有什么教训呢？我以为：初学，应先学一家，从不“似”到似；开始以为学得似了，其实是错觉，慢慢认识提高了，才发现还差得远呢，从不似到似，是一大进步。开始以为似，后来发现还不似，更是一大进步。学一家，是为了有一个立足之点，但有极限性。要冲破这种极限性，就必须同时观察“百家”，取百家之长，丰富自己，才能有所创造，不为一家所限。这不是容易的事，应该“知难而进”，不能“因难而退”……[2]

这些只是赖少其在书画方面的一部分观点与总结而得的经验。没有长期的刻苦学习、钻研与研究，无法得出属于自己的艺术观点；没有长期的实践、思考与创新，则无法形成自己独特的艺术风格。无论是国画还是书法，皆同此理。

[1] 赖少其：《向老书法家学习——代开幕词》，载《安徽日报》，1984年4月2日。
[2] 赖少其：《我学习书法的经历》，转引自洪楚平、赖晓峰、于在海主编《赖少其诗文集》，岭南美术出版社，2005年，第267页。

后记

本人曾有幸见过赖老，由于父亲的原因，20 世纪 80 年代末就去过赖老在水荫路的家中，那时称老人为赖爷爷。初次见面时间久远，许多细节已记不清，但隐约还记得老人家温和谦恭，说话声音柔和，身子纤瘦柔弱，那画室中除了许多画画、写字的工具与书籍外，还放有鲁迅先生和他自己的头像雕塑。

之后十几年间多次见面，但 20 世纪 90 年代，赖老的身体越来越虚弱，到后来生活不能自理，还需从鼻孔插胃管输送营养液及药物，连话也说不了了。最后一次见面，约在 2000 年的 8 月、9 月间，那时老人在珠江医院住院，父亲带我去看望他。至今还记得老人躺在病床上，无法说话，但神志清醒仍认得出人。赖老助手问，认不认得我父亲，老人点点头，并用笔在白板上写了“老朋友”。我上前与他握手，他握着我的手，久久不放，我被握得生疼。后来父亲帮忙才将手抽出，那几分钟的握手，我发现手上已留下红印。看着赖老已风烛残年，却有如此力气，隐隐中似乎能感受到老人顽强的生命力。当时并不知道老人是因为患有帕金森综合征，手已僵硬，有时自己亦无法控制。

现在回想，仿佛是那久久的握手，让我感受到老人最后的生命之火，感受到老人的毅力，也给予我完成研究生论文以及现在完成本书的动力。想起老人在那种境况下还完成了这么多今日看来仍倍感震撼的书画作品，内心不免钦佩与感动。

2014 年 2 月初，惊闻赖少其夫人曾菲仙逝的消息，十分伤心与感慨。不禁又回想起当初赖老夫妇的音容笑貌，也忆起当年与曾奶奶喝茶聊天的时光。一切历历在目，虽遥远却温暖又熟悉。但愿赖少其与曾菲能在天国里，继续幸福快乐地在一起。

首先，衷心感谢赖少其女儿赖晓峰、女婿于在海给予的大力帮助与支持。如果没有他们的支持，本书的完成是难以想象的。同时，感谢广州艺术博物院的林祥清和合肥赖少其艺术馆的侯曙光、万运超、丁远飞等各位同仁的帮助，有了他们的支持才使我能如此顺利地搜集资料与完成本书。

由衷地感谢我的研究生导师李伟铭教授，这些年来对我的悉心教导与鼓励，我感激不尽。他对学术的严谨态度，对赖少其艺术上的深刻分析，都给予我深刻的影响。

在此要感谢与我一同学习、交流、探讨，共度三年研究生时光的同学；也要感谢研究生三年中曾给予我指导、帮助和关心的各位老师、师兄师姐、师弟师妹。对于赖少其人生及艺术上的不少观点，就是在与他们交流、讨论中激发出来的。

感谢我的父亲洪楚平。父亲的学识、教导以及对赖老各方面资料的搜集整理对我影响颇大，而他对本书提出的建议也使我获益匪浅。感谢母亲杨丽雯和我的先生方舟，他们给我不计回报的支持与付出，我铭记于心，千言万语也无法表达我的感激之情！

还有众多指导、帮助和关心我的师友们无法一一列出，在此也致以谢意！

由于本书篇幅所限，赖少其许多人生经历与内容无法一一展现，只能挑选主要事迹和核心内容，本人深以为憾。同时，也由于个人学力有限，本书仍有许多不完善之处，本人深感不安。希望能以此书为契机，让更多的人对赖老及其作品产生兴趣，继而更深入地研究他的人生历程与艺术成就。

2014 年 2 月 26 日于羊城

附一/艺术年表

1915 年

5 月 16 日出生于广东省普宁县流沙镇下市村（亦称华市村）一户小商贩家里。

1927 年

就读于弥高高等小学。后在同声学校读书。

1929 年

考入陆丰县龙山中学。

1932 年

7 月，考入广州市立美术学校西洋画系。

1934 年

6 月 19 日，“现代创作版画研究会”在广州市立美术学校成立，赖少其是主要成员。编译中国新兴木刻史上第一本介绍版画技法的书籍《创作版画雕刻法》（上海形象艺术出版社出版）。

1935 年

10 月，赖少其、潘业和陈仲纲的“木刻三人展”在广州永汉北路大众公司画廊举办。

1936 年

于广州市立美术学校毕业。为“广州艺术工作者协会”（抗日学生救亡团体）领导人之一。

1937 年

在广东、广西举办巡回抗日木刻漫画展览。

1938 年

1 月，在武汉国民政府军事委员会政治部副主任周恩来、三厅厅长郭沫若领导下的三厅艺术处美术科工作，为“抗战漫画宣传队”成员。

6 月，在武汉被选为“中华全国木刻界抗敌协会”理事。任桂林《工作与学习·漫画与木刻》刊物编辑兼发行人。

1939 年

10 月，在皖南参加新四军。

1940 年

5 月 5 日，在云岭汤村，由刘思明（洪雪村）、何士德介绍，加入中国共产党。5 月，被分配到谭震林指挥的三支队五团政治处任宣教股股长。

1941 年

1 月，在“皖南事变”中被俘。后关押在上饶集中营。10 月与邵宇从上饶集中营越狱。

1942 年

任苏中区党委文委兼《滨海报》副刊《海滩》编辑。

1943 年

1 月，任新四军一师文工团副团长，后任一师战地服务团团长。

春，与曾菲在苏中解放区结婚。

8 月，任一师政治部文艺科科长兼文工团团长。

10 月，与杨涵组织“苏中木刻同志会”，编写木刻教材《第一张木刻》。

11 月，《苏中报》创立，任该报副刊《现实》编辑。

1945 年

2 月，任苏浙军区政治部文艺科科长兼文工团团长。

1946 年

8 月，任一师一旅二团政治处副主任。提出开展“功劳运动”建议，10 月全团试行取得成效，后改名为“立功运动”而推广展开。

1947 年

任华东野战军四纵政治部宣传部副部长。

1948 年

任华东野战军八纵政治部宣传部部长。

1949 年

7 月，参加中国文学艺术工作者第一次代表大会，为中国人民解放军代表团第一副团长。

9 月，参加第一届全国政协会议，为第三野战军代表团秘书长。

10 月 1 日，在天安门城楼参加开国大典。

10 月，任南京军管会文艺处处长。后任南京市委宣传部副部长、南京市文联副主席，被聘为南京大学（原中央大学）、金陵大学教授。

1950 年

4 月，由上海正风出版社出版《文代归来》。

6 月，补选为南京市文联主席。秋，编写并公演五幕话剧《庄严与丑恶》（后改名为《集中营里的斗争》）。

1952 年

4 月，任华东局文委委员，华东文联秘书长，上海文联党组书记兼副主席。

9 月，参加中国文学艺术工作者第二次代表大会和中国作协第二次会员代表大会。

1953 年

2 月，代表华东行政委员会文化局授予黄宾虹“中国人民优秀画家”荣誉奖状。

5 月 29 日，周恩来总理签名的中央人民政府政务院任命通知书（政字第 8701 号），经第 180 次政务会议通过任命赖少其为上海市政府文化教育委员会委员。

10 月，中国美术家协会第一届理事会成立，赖少其为理事。

1954 年

4 月，华东美术家协会在上海成立，赖少其任党组书记兼常务副主席。

1955 年

华东美协改称为中国美术家协会上海分会，赖少其任党组书记兼副主席。

1956 年

兼任上海中国画院筹委会主任。

12 月，由上海人民美术出版社出版著作《为了把艺术介绍给人民》。

1958 年

3 月 4 日，与林风眠、关良、陈烟桥等 10 余位画家到上海东郊川沙县同心农业生产合作社参加劳动，体验生活，赖、林、关三人合作创作农村壁画。

1959 年

2 月，调任安徽省委宣传部副部长。长期兼任安徽省文联主席，省美术家协会、省书法家协会主席，省书画院名誉院长。中国美术家协会常务理事、中国书法家协会常务理事、中国作家协会会员。

亲自设计并领导创作大型版画，布置人民大会堂安徽厅。

1960 年

4 月 28 日，当选安徽省第二届人大代表。

7 月，中国美术家协会第二届理事会召开，赖少其续任理事。

7 月 22 日至 8 月 13 日，参加中国文学艺术工作者第三次代表大会。

1961 年

9 月，代表中国美术家协会参加保加利亚国庆和美术交流活动。

1964 年

1 月，组织安徽话剧团排演《这里也是战场》（改编那沙的剧本《毒手》）和《在困难的日子里》，并带队参加华东话剧会演。

2 月，收集并编辑明清徽州艺人珍品《套版简帖》，由上海人民美术出版社出版。

11 月，当选安徽省人大代表和第三届全国人大代表。

1966 年

夏，“文化大革命”中成为第一批被打倒的对象，被游街批斗、关押审查。此后几年先下放宣城敬亭山，后去蚌埠新马桥等农场劳动。

1974 年

经过数年辛劳，创作了一批套色版画《陈毅吟诗》《淮海战歌》《金色的秋天》《海港灯光》等，被称为“新徽派版画”。

1978 年

安徽省委为赖少其彻底平反，恢复省委宣传部副部长职务。

4 月，中国美术家协会安徽分会恢复，赖少其被选为主席。

5 月 22 日，安徽省文代会上，一致选举赖少其为省文联和省美协主席。

9 月 24 日，中共安徽省委常委会决定，赖少其任省文联党组书记。

1979 年

1 月，中共安徽省第三届第十五次全会选举产生中国共产党安徽省委员会纪律检查委员会，当选为省纪委常委。第二次主持设计、布置人民大会堂安徽厅。

6 月，代表中国美术家协会赴南斯拉夫参加美术活动。杭州西泠印社建社 75 周年大会，成立第二届理事会，赖少其当选为理事。

10 月 30 日至 11 月 16 日，作为安徽省代表团团长，带队赴京参加中国文学艺术工作者第四次代表大会，为主席团成员。

11 月，中国美术家协会第三届理事会召开，当选为常务理事。参加中国作家协会第三次会员代表大会。

1980 年

4 月，在黄山组织召开并成立“中国版画家协会”，当选为副主席。

9 月，在安徽省博物馆举办“赖少其书画展览”。

10 月，在江苏省美术馆举办“赖少其书画展览”。

11 月，应日本书道联盟邀请，与舒同等人代表中国书法家协会筹委会访问日本。

12 月，应香港九龙狮子会邀请赴港，在香港丽晶酒店举办“赖少其书画展览”。后在上海美术馆举办“赖少其书画展览”。

1981 年

1 月，在杭州市文化会堂举办“赖少其书画展览”。

3 月，在广州市文化公园举办“赖少其书画展览”。

5 月，中国书法家第一次代表大会在北京人民大会堂举行，中国书法家协会成立，赖少其当选为常务理事。

11 月，中国书法家协会安徽省分会成立，当选为主席。

1982 年

5 月，由人民美术出版社出版赖少其所绘《花卉册》。

11 月，在长沙市岳麓山白鹤泉展览厅举办“赖少其书画展览”。

12 月，在福州市西湖美术馆举办“赖少其书画展览”。

1983 年

任安徽省政协副主席。

1 月，在厦门市群众艺术馆举办“赖少其书画展览”。

2 月，在汕头市中山公园举办“赖少其书画展览”。

3 月，在广东画院举办“赖少其新作观摩展”。

4 月，上海人民美术出版社出版《赖少其作品选集》。

10 月，湖南美术出版社出版赖少其画册《楚游》。

11 月，泰国中华总商会、潮州会馆暨十县同乡会在曼谷京华银行举办“赖少其书画展览”。

12 月，人民美术出版社出版《赖少其画集》。

1984 年

1 月，在香港大学、香港中文大学举行讲演《我创作道路的摸索》。在澳门举行《谈美术创作》讲学，并放映幻灯片《赖少其作品选》。

12 月，深圳博雅画廊举办“赖少其、唐云书画作品暨藏画展览”。

1985 年

4 月，应日本书道教育学会邀请，在日本东京银座松坂屋举办“赖少其书画近作展”，并出版画册。

6 月，安徽人民出版社出版《赖少其山水画集》。

8 月，岭南美术出版社出版《赖少其自书诗》。被聘为汕头大学名誉教授。

12 月，在北京中国美术馆中央大厅举办“赖少其书画展览”。

1986 年

1 月，在天津美术馆举办“赖少其书画展览”。

2 月，回广州市定居。被聘为安徽大学名誉教授。提出“丙寅变法”。任广东省广州市政协诗书画室顾问。

3 月，增补为第六届全国政协委员。

1987 年

3 月，参加全国政协会议。

5 月，被选为“黄宾虹研究会”（南方）会长。夏，在深圳举办“赖少其、杨沙、詹忠效三人画展”。

10 月，被选为广州市美术家协会名誉主席。

12 月，在广州市文化公园举办“赖少其书画展览”。

1988 年

1 月，中国经济出版社出版《赖少其自书诗续集》。

3 月，继任第七届全国政协委员，参加全国政协会议。

4 月，被聘为广东画院艺术顾问。

7 月，应香港中华文化促进中心邀请，赴港举办“赖少其书画展览”。

12 月，被北京钓鱼台国宾馆聘为高级艺术顾问。日本“日中艺术交流中心”代表在北京中央美术学院授予赖少其和李桦等六位 20 世纪 30 年代著名版画家“中国新兴版画运动特别贡献金奖”及证书。

1989 年

3 月，参加全国政协会议。与夫人曾菲向广州市委、市政府领导提出建立“广州艺术博物院”的初步构想，并表示将自己的一批作品捐赠给市政府的意向。

7 月，中国第七届全国美术作品展，所作中国画《孤云与归鸟》获“优秀作品奖”。

1990 年

2 月，编撰《中国画精英》录像片，在首届全国优秀录像片评选中荣获“优秀风光、文献片”奖。

6 月至 7 月，应日本友人、大阪天际株式会社阪本精造先生邀请赴日本访问，分别于大阪、京都的“OMM”展览中心、“近铁画廊”举办“赖少其书画展览”。

8 月，从日本回国途经香港，赠新华社香港分社《陋室铭》大幅书法。

9 月 15 日至 10 月 7 日，香港翰墨轩有限公司于台北翰墨轩画廊举办“赖少其书画展”。

9 月 28 日至 10 月 5 日，广州市政协诗书画室、上海市政协华夏画苑等单位于广东画院举办“赖少其、唐云书画展览”。

中国版画家协会安徽版画研究会授予赖少其“功劳杯”。

1991 年

8 月，香港艺苑画廊举办“赖少其书画展”。

9 月 26 日，中国美术家协会、中国版画家协会于北京人民大会堂举行“纪念鲁迅先生诞辰 110 周年暨中国新兴版画 60 年颁奖大会”，李桦、赖少其等 15 位版画运动先驱荣获“杰出贡献奖”。

11 月至 1992 年 1 月，应美国美洲中华艺术研究会副会长瞿谷量邀请赴美访问，在该会画廊和 WENDER 画廊同时举办“赖少其书画展”。应纽约大学分校邀请访问该校，并为该校书写校训“大学：给你机会与鞭策”。

12 月，应中国驻美国大使朱启桢邀请赴华盛顿访问。在美国期间，参观了张大千画展，纽约大都会博物馆、美国现代艺术博物馆、洛杉矶哈默艺术博物馆、GETTY 博物馆、汉庭顿博物馆、旧金山金门公园艺术宫及联合国大厦、康州耶鲁大学、洛杉矶加州大学等，并应邀观赏了收藏鉴赏家王己千收藏的中国古代书画艺术珍品和水彩画家程及、油画家陈逸飞等工作室及他们的艺术精品。

1992 年

10 月 8 日至 31 日，应香港粤海企业集团、法国“巴黎中国城”和友丰书店邀请赴法国访问和文化交流。返程途经香港休息，会见中华总商会和文艺界等各方朋友。

1993 年

3 月，天津人民美术出版社出版《赖少其书画集》。

1994 年

2 月 28 日，经国务院批准获得享受政府特殊津贴。

5 月 16 日，广东省文学艺术界联合会等单位联合举办了“庆贺赖少其同志从艺 60 周年暨 80 寿辰、赖少其与曾菲伉俪金婚系列纪念活动”；在广东画院举办“赖少其书画回顾展”；在东方宾馆举办“赖少其从艺 60 周年研讨会”以及庆贺晚宴。安徽省书法家协会授予赖少其最高荣誉奖“邓石如杯”。

6 月 29 日，被广东省政协书画艺术交流促进会聘请为顾问。

9 月 27 日至 10 月 3 日，在安徽省博物馆举办“赖少其书画回顾展”。

9 月 28 日，在安徽省委礼堂举办“赖少其作品研讨会”；安徽省政协书画社、安徽饭店联合举办“书画界欢迎艺术大师赖少其同志从艺 60 周年联谊会”。

10 月 14 日至 28 日，重上黄山写生，并赴屯溪老街、太平湖、歙县棠樾牌坊群、黄宾虹故居、黟县西递村古民居等地参观访问。

1995 年

1 月，北京荣宝斋出版赖少其绘《荣宝斋画谱：山水部分》。

4 月 11 日至 7 月 14 日，在广州珠江医院治病。住院期间，仍不离书画创作。

10 月 11 日至 21 日，受中共上海市委宣传部、上海市文化局邀请，赴上海举办“赖少其书画回顾展”。后参观鲁迅纪念馆，并观看 20 世纪 30 年代寄给鲁迅的木刻作品。

12 月 15 日，“赖少其捐赠书画作品展开幕式暨赖少其捐赠书画作品交接仪式”在广州美术馆举行。与夫人曾菲将在上海举办的“赖少其书画回顾展”的 89 件 236 幅（页）展品，全部捐赠给广州艺术博物院。

12 月，《赖少其传》（贺朗著）由花城出版社出版。

1996 年

5 月 18 日至 9 月 22 日，赴北京解放军 304 医院治病。10 月，与夫人曾菲将曾布置在人民大会堂安徽厅的巨幅国画《黄山桃花溪畔》捐给广州艺术博物院。

1997 年

2 月 17 日至 9 月 25 日，在广州珠江医院住院，治疗帕金森氏综合征。在行动不便、几次病危的情况下，坚持创作了一批书画。

12 月，故宫博物院原党委书记彭炎、著名作家阮波夫妇将其收藏的赖少其国画《万松图》捐赠给广州艺术博物院。

1998 年

5 月 16 日至 24 日，广东画院举办了“赖少其八十后新作展”，展出新作画 81 幅、书法 4 幅。

7 月至 9 月，在广州珠江医院、南方医院住院，自 8 月 8 日起，因吞咽困难，不能吃饭、说话，开始靠从鼻孔插胃管输送营养液及药物，生活完全不能自理，但头脑清晰，以顽强的毅力坚持作画、写字，创作了国画 80 余幅，书法近百幅。

10 月，由广州美术馆、广州艺术博物院（筹）编辑，广州出版社出版《赖少其八十后新作》。

1999 年

5 月 21 日至 30 日，在广州美术馆举办了“赖少其近作展览”，展出了 80 岁后所创作的绘画 50 件、书法 16 件，庆贺赖老生日。

9 月，香港董允生、赵瑛夫妇将购藏的赖少其国画《雨后翡翠池》捐赠给广州艺术博物院。

《赖少其八十后新作》荣获由广东省鲁迅文艺奖评奖委员会颁发的“广东省第六届鲁迅文艺奖美术奖”。

2000 年

3 月 6 日，与夫人曾菲挑选出赖少其 80 岁后所作书画 36 幅，捐赠给广州艺术博物院。

5 月，广州艺术博物院编辑、广东旅游出版社出版《赖少其艺术馆藏品》。

9 月 24 日，和夫人曾菲参加广州艺术博物院及赖少其艺术馆的揭幕仪式。

11 月 28 日清晨 4 时 10 分，因病在广州逝世。

12 月，中国青年出版社出版《木石魂——赖少其传》（胡志亮著）。

12 月 14 日，广州市举行隆重的“赖少其遗体告别仪式”，省市领导和文化艺术界上千人士参加，赖少其遗体在穗火化。

附二 / 参考资料

1. 广州美术馆、广州艺术博物院（筹）编：《赖少其八十后新作》，广州出版社，1998 年。

2. 广州艺术博物院编：《赖少其艺术馆藏品》，广东旅游出版社，2000 年。

3. 贺朗：《赖少其传》，花城出版社，1995 年。

4. 洪楚平、赖晓峰、于在海主编：《赖少其诗文集》，岭南美术出版社，2005 年。

5. 洪楚平、赖晓峰、于在海主编：《赖少其研究文集》，岭南美术出版社，2005 年。

6. 洪楚平主编：《赖少其书信集》，岭南美术出版社，2005 年。

7. 洪楚平、赖晓峰、于在海、陈伟安主编：《赖少其书画集》，岭南美术出版社，2008 年。

8. 胡志亮：《木石魂——赖少其传》，中国青年出版社，2000 年。

9. 赖少其：《赖少其自书诗》，岭南美术出版社，1985 年。

10. 赖少其：《赖少其自书诗续集》，中国经济出版社，1988 年。

11. 赖少其绘：《荣宝斋画谱：山水部分》（第一、二、三版），荣宝斋出版社，1995 年、2003 年、2012 年。

12. 吴春泉、洪楚平：《宝刀削发作彩笔——赖少其的生平与艺术成就》序，1989 年。

13. 于在海主编：《赖少其作品集：赖少其艺术馆藏品》，安徽美术出版社，2012 年。

14. 于在海主编：《赖少其版画文献集》，安徽美术出版社，2013 年。